著 西森 卓也
奈良県ソフトテニス連盟理事長
奈良 高田商業高等学校ソフトテニス部元監督

高校ソフトテニス界の
名将が説く
勝たせるチームの作り方

西森流
言葉の「選び方」「伝え方」

ベースボール・マガジン社

相手を見る場合、技術はもちろんですが、
心の部分を見極めていくことも忘れてはなりません。
相手の心理を見逃さず、そこで発見したこと、
見抜いたことを勝負に生かしていかなければならないのです。

はじめに

２００７年の秋田国体は、監督としてベンチに入る最後の大会でした。前年の大阪インターハイを最後に、高田商業高校の監督は、教え子でもある紙森隆弘先生に引き継ぎました。しかし、紙森先生には秋田国体では成年の選手として出場してほしいとお願いしていましたので、私は、奈良の少年男子の監督としてベンチに入りました。

優勝を狙うには、戦力的に非常に厳しいチームでした。私たちが負ける可能性のある、強豪県がいくつもあり、案の定、１回戦から3番勝負をかろうじて勝利するような厳しい戦いでした。勝ち上がっていくためには、唯一オーダーが的中することだけに望みをかけていたというのが正直なところです。準々決勝を勝利し、準決勝、決勝と、すべてこちらが予測した対戦で各ペアが戦うこととなり、苦戦の連続を乗り越え、見事に優勝してくれました。

自分で言うのも恐縮ですが、指導者として最後の舞台で優勝という結果につながったのは、真面目に懸命に走り続けてきたことへの神様のご褒美ではないかと感じます。だから、優勝した選手たちに「よく頑張ったな、ありがとう」とねぎらいと感謝を述べたとき、自然と涙が出てきました。自分自身ではとても不思議な感覚でした。

これまで個人戦・団体戦を含め30数回、選手たちが日本一になってくれる瞬間を見てきましたが、一度も涙を流したことはありませんでした。しかし、この最後の大会では、選手たちと離れ、1人で優勝に浸っているときもとどまることなく涙が溢れてきました。

この涙は、感激の涙というよりも、次のことを考えなくていいという安心感と、常に日本一にならなくてはいけないという重圧やプレッシャーからの解放感から出てきたものであると思っています。

この本を出版するにあたり、正直なところ、高田商業ソフトテニス部のことを私が語っていいのだろうかと戸惑いもありました。私自身は、人から引き継いだこの仕事を、ただただ愚直にやり続けてきただけです。高田商業のソフトテニス部を日本一に引き上げてこられた初代監督から引き継ぐと、伝統あるこのチームが、弱くなり衰退していってしまうことを何より恐れました。この素晴らしいチームの伝統を守っていくことだけを考え、死に物狂いで取り組んできた20年余りでした。

「好きこそものの上手なれ」という言葉があります。競技者としてだけでなく、指導者として、子どもが好きで、教えることが好きで、子どもの成長や頑張った成果に喜ぶ姿を見ることが好きだったのは確かです。本当に好きなことであれば、きっと大きなことが成し遂げられる、と信じて頑張ってきました。

監督としてさまざまな経験を通して、選手とともに成長し、学んだ知識や勝負ごとのノウハウ、そして監督を離れ、助言や支援する立場で過ごした日々で考えたことなどをここに書き記したいと思います。これが、私が必死に生きた道程です。将来、指導者の道へ進まれようとする若い方々や、現在毎日選手と向き合ってチームや選手を強くするための指導に悩み、日々試行錯誤して自問自答しながら選手と関わっている指導者の方々に、私の経験が、生き方や指導の一助になってくれればと願っています。

YONEX

目次

第2章 攻めるテニスに集約された高田商業の育成法

第3章
勝つための指導に必要な要素は何か？

第4章
1つ1つの経験を積み重ね、指導の幅を広げる

第5章 指導者の資質、指導者の進むべき方向性とは①

第6章 指導者の資質、指導者の進むべき方向性とは②

第1章

日本一を
目指さなければ
ならないチーム、
その使命を背負う

常勝軍団の監督に就任

私の出身は兵庫県です。私には将来、体育教員となり、子どもたちにテニスを教えたいという思いがありました。そのため、高校は兵庫県立社高校の体育科に進みました。そして、大学は奈良県の天理大学に進学します。大学卒業時、教員採用試験を受け合格したことで、無事、体育の教員への道をスタートすることができました。

最初に赴任したのは、当時新設校として開校1年目の奈良県立耳成高校です。同校でソフトテニスを教え、国体を2年後に控えた奈良県のソフトテニスの国体候補選手にもなります。そして3年後、大和高田市立高田商業高校に転勤することになったわけです。ソフトテニスを続けてきた私ですが、ソフトテニスの伝統校である高田商業で私がソフトテニスを教えることになるとは、全く思ってもいないことでした。

当時、高田商業ソフトテニス部には、監督に楠征洋先生がいらっしゃり、また、同高には、同ソフトテニス部出身の沼田守弘先生（インターハイで同高初の個人優勝者・

井上／沼田。同高から日本大学へ進学）も勤務されていました。沼田先生は、全日本選手権（天皇杯）優勝をはじめ、さまざまな大会での実績があり、国体の成年選手としても活躍されていました。

楠先生は初代監督で、1967年に高田商業に赴任し、「3年で日本一にする！」という目標を掲げ、有言実行で1970年には見事に高田商業を日本一に導きました。当時は、奈良県内の有望な選手を勧誘していましたが、1975年頃から和歌山県の加太中学からも生徒が来るようになり、1976年、同中学から全国中学校選手権（全中）2位ペア（坂東／花）の坂東君と同級生の平井君（のちのインターハイ個人優勝）が入学しました。1977年には、坂東君、平井君の学年はオール2年生で高校日本一に輝きます。その後、大阪府からも選手が来るようになり、1980年に入学した塩田孝一君（現・香川県の尽誠学園高校総監督）もその1人であり、県外のさまざまな強豪選手に声をかけるようになっていきました。

楠先生が監督時代の大きな目標であった1984年の奈良国体は、史上初の男女同一校チームでのアベック優勝達成や高校男子での6大会連続優勝などを果たします。

奈良国体から3年後、楠先生が42歳の頃にはインターハイ3連覇など、高田商業は、常勝軍団として全国で存在感を示していました。

この頃、楠先生は、指導の師匠でもある大阪・明星高校元監督の杉山末雄先生から、大事な助言を受けていました。それは、「次に若い先生がきたら、すぐに監督の座を譲れ」というものです。杉山先生のアドバイスを受け、楠先生は全盛期でありながら、監督の座を後進に譲ることを考えられていたようです。楠先生は当時40代で、監督を譲るには年齢的には若すぎます。しかし、40代で監督を譲れば、その後10数年間、自分は若い監督のサポート役に回りながら、若い監督と2人でチームを支えることができます。

つまり、自分の経験を若い監督に直接伝えながら、監督を移譲することができるわけです。若い監督も、元監督のアドバイスを受けながら、監督としての経験を徐々に積んでいくことができます。早い段階での監督の移譲により、次期監督の経験が浅い期間がなくなるのです。そうすれば、20年ぐらいは「強さ」を続けることが可能になるでしょう。そして、次の2代目が40代で変われば、再び20年間は「強さ」は続き、歴史が続いていきます。理論上はそうなります。実際に、その考えの元、今も高田商業は常勝チームであり、その歴史は続いています。1970年に初代楠監督が初の日本一に導いてから、強豪の歴史は半世紀以上続いているのです。

その助言をされた杉山先生は、私にとっても天理大の大先輩です。私も以前から、杉山先生に気にかけていただいていました。杉山先生は、ご自身は野球をやられていた方なのですが、ソフトテニスの指導でインターハイ団体4連覇などの偉業を成し遂げられ、指導者としてすばらしい実績を残されています。

常勝軍団として存在し続けることが宿命とされている高田商業を率いる監督は、すべてをかけて挑まなければ務まらないと考えていました。日本一を狙うための指導をしなければいけないとも思っていました。1986年、私は高田商業の教員として赴任し、その年の秋にソフトテニス部の監督に就任します。当時は、ベンチに座っていながら、頭の中は「負けられへん」「絶対に勝たなあかん」という思いしかありませんでした。

なぜ、私が県立高校から市立の高田商業の教員になったか、その理由はいろいろありますが、やはり、高田商業の看板に惹かれてという面があったことは否めません。楠先生は、何人かの卒業生に声掛けされたようですが、みんな嫌がったのだと思います。こんな責任の大きな仕事を頼まれれば、だれでもためらうと思われます。そこで、卒業生ではないですが、大学卒業後、県立高校で3年間指導していた私に声が掛かったわけです。当時、私が勤務していた耳成高校のソフトテニス部は、高田商業とは異なり、部員の大半が初心者レベルの学校で、全国大会に毎年のように出場するようなチームではありませんでした。私は、そんな子どもたちを朝早くから夜遅くまで見ていました。楠先生は、私の姿を見て何かを感じ、期待を持って声を掛けていただいたのかもしれません。楠先生から誘いを受けた私は、それを断る理由もなく、覚悟を決めて高田商業に赴任することになりました。

1986年秋から楠先生の後を引き継ぎ、私が監督に就任しましたが、1987年の全日本選抜や大会4連覇がかかったインターハイで負け、さらには、その年の県新人戦決勝（団体）で敗れ、翌春の選抜への出場を逃します。選抜予選となる近畿インドア大会は、個人戦は1、2位だったものの、団体は出場できませんでした。そして、

1988年6月のインターハイ県予選（団体）では、決勝で敗れ、9年続いていた全国への連続出場も途切れました。インターハイ個人戦で全国への出場を決め、傳村／長手が日本一になったことは唯一の救いでした。

楠先生の監督時代も、インターハイ団体出場を逃した1980年に、個人優勝（本荘／高野）を果たしています。1989年には初めて引率した北海道でのハイスクールジャパンカップで優勝（仲座／豊田）、1990年のインターハイでは、個人優勝（南森／村中）しながら団体戦では2回戦で敗退。そして、その年の秋の国体で丸4年遠ざかっていた団体優勝を果たすことができました。

常勝軍団、高田商業としては、やはり結果は十分とは言えないものだったと思います。監督に就任してからの最初の4年間は、私にとっては本当につらい時期でした。

楠先生をはじめ周りの人たちの中には、「任せて大丈夫かな」という気持ちがあったと思われます。しかし、私に対する批判は一切ありませんでした。楠先生の恩師である杉山先生の「後任監督がやりやすい環境をつくる」「意見を押しつけない」などの教えを、楠先生も理解されていたからなのだと思います。

私は、教え子である紙森隆弘先生に監督を引き継ぐまでの約20年間、27歳から46歳まで高田商業の監督を務めていました。その後、2007年に監督の座を退いたのち、2012年に教頭、2017年には校長となり、2020年に定年退職となりますが、現監督やチームのサポートは続けてきました。今は、奈良県ソフトテニス連盟理事長として、県全体のソフトテニスの普及、強化に携わっています。

私自身の監督としての目標設定

私は、負けん気が強く、欲深い性格だと思っています。これは、監督としてはプラスの特徴かもしれません。また、ソフトテニスのゲームにおいては、「先が読める」「先がよく見える」能力があったようです。私の指導はテニスの展開など、戦略についての指導ができる点があり、それも監督業には生かされたと思います。

指導をしていく中で、私自身の目標が明確になっていきました。

それは、大きくは次の3点です。

■インターハイ4連覇
■全国優勝を連続6季（以上）する
■高校5冠……選抜大会（団体）、ハイスクールジャパンカップ（個人）、インターハイ個人、インターハイ団体、国体（高田商業単独チーム）を達成する

監督として初の団体での日本一は、1990年の福岡国体になります。しかし、一度日本一になったからといって、それで満足とはなりません。翌91年の選抜大会優勝、同年インターハイ個人（山本／村中）、同団体優勝（高校男子最多優勝7回に並ぶ）で初のインターハイ2冠を達成します。92年は無冠に終わりますが、次は93年にハイスクールジャパンカップ優勝（渡海／川村）、同年インターハイ団体優勝（男子最多優勝8回）、同年国体優勝……と続いていきます。

私が監督をしていた約20年、インターハイ個人・団体2冠は4回、インターハイ団体優勝は10回、同個人優勝は7回、選抜大会優勝は5回、国体優勝（単独チーム）は6回……となりました。

けれども、楠監督時代は、83年国体、84年選抜、84年インターハイ団体、84年国体、

85年選抜、85年インターハイ団体と、メンバーが変わる中で6季連続日本一も成し遂げられています。私が監督していた約20年の中で、5季連続日本一は達成しましたが、6季連続は達成できませんでした。

それでも、私は監督を退くまで、最後まで欲深かったと思います。しかし、今振り返れば、それは高田商業の監督を続けていく中で必要な要素だったようです。本気で日本一になるために、自分の思いが願望なのか、欲望なのか、その違いは大きいと思います。選手も指導者もそうです。「日本一になりたい」と、「日本一になるんや」とでは、取り組み方や本番での戦い方にも大きく影響してくるはずです。

戦力の高い年、厳しい年

高田商業ソフトテニス部の目標は、どんな年でも同じように「日本一」を目指すこと、それは変わりません。

しかし、例年以上に実力のある選手が集まり、戦力が高い年があります。つまり、指導者にとって、日本一に近く、勝たせなければいけない年（代）です。一方で、日本一を狙うには戦力が低いと感じる、勝つには厳しい年もあります。

しかし、「戦力があるから日本一になれる」というわけでもありません。逆に、戦力が伴わない年でも日本一になれる年もあります。「今年は、勝てる（日本一を狙える）」という年でも、挑戦者の気持ちで相手に立ち向かわなければ、間違いなく日本一は達成できないと思います。戦力的に厳しい年は、「どうすれば、この子たちは力を出せるのか？」と、指導者は考えなければなりません。戦力的に厳しくても、選手たちが必死で努力し、いい結果が導かれることもあるのです。

前年にスター選手などがいて戦績を残せていたチームが、大きな戦力が抜けて、戦力的に厳しいシーズンがありました。しかし、そのときの選手たちは、ミーティングでメモをとりながら聞いているような真面目で真剣な選手たちでした。そのチームは、春の選抜前の練習試合ではライバル校の三重高校（三重県）にまったく勝てなかったのですが、本番の全国大会（団体戦）ではその三重高に2－1で勝利したのです。

指導者である私自身も、選手たち自身も、戦力ダウンを認識し、どうすれば勝てるのかと試行錯誤していました。その年の選手たちは伝統を引き継げるように、自分たちも必死に努力していたのです。選手らのそういう行動は、指導者の私にも、我々が正しい道を歩んでいるという大きな確信、そして自信を持たせてくれました。これまで振り返って、戦力に恵まれた年だけではなく、戦力が厳しい年であっても、このように選手たちが頑張り、指導者の予想を超える動きを見せ、貴重なものを残していってくれていることがありました。

逆に、戦力が充実した年は、選手自身も自信と手ごたえを感じています。しかし、気持ちのどこかで「負けたらあかん」という気持ちがあり、リードされるとそれが焦りに変わり、実力を出せず終わることがあります。ですから、日本一の手応えのある戦力のときでも、常に「挑戦者」の気持ちに切り替えさせなければなりません。高田商業には「かかっていくテニス」「陽気に、元気に、朗らかに」というモットーがあります。特に「かかっていくテニス」では、いつでも挑戦者の気持ちで、先手を打って相手に向かっていくテニスを実践します。高田商業の代名詞である「かかっていくテニス」を、私たちのチームは常に貫いてきました。

選手に力を発揮させるためにはどうすればいいか

選手たちに力を発揮させるには、どうしたらいいか——。これは、すべての指導者の課題だと思います。コートに立ち戦う選手はどんなことを考えているのでしょうか。当然、勝ちたいという思いが基本にあって、その基本の上で、いいプレーをしたい、つまらないミスはできない、相手にポイントされないように……など、いろいろなことを思い、考えます。それらの考えを持つことは、いいことのような気もしますが、勝ちたい思いが強すぎると、逆の結果を招くことが多いです。戦う上では、決してプラスになりません。どうしても、自分の実力以上のものを求めてしまうからです。

私は、選手たちへの伝え方、言い方は、細かい部分まで気を配ってきました。非常に効果的な言い方だと思うのは、「100パーセントの力を出して勝つ」ではなく、「自分の力の7~8割が出せればいい」というフレーズです。この言葉で、気持ちを楽にして自分の力を十分に発揮しやすくなります。大会に出場して、自分の力の5割も発揮できずに会場をあとにする選手が多数います。7〜8割の力を出せれば十分。7〜8割を出せて負けたのなら、相手の方が、実力が上だったと認めればいいのです。

また、実力がある選手が集まったときでも、「お前たちの力なら、普通にやれば勝てる」という言い方はせず、「いつも通りにやれ」と言います。ゲームカウント0－3で負けていて、緊張により力を出し切っていないときには、「つまらない試合をするなら、はよ、負けてこい」と突き放した、厳しい言い方もします。不安や緊張でうまくいかない状況から、「開き直り」の心境になることを期待して発するフレーズです。これは、選手のキャラクターによって効果がある場合と、逆に出る場合があります。指導者としては、使うべき言葉ではないのかもしれません。吉と出るか凶と出るか、どちらに転ぶか分からない面もあり、勇気のいる言葉だと思います。

選手の不安を取り除くのが監督の役目ですが、私が監督になったばかりの4年間、なかなか勝てなかった時期に「とにかく勝たなくては」「負けたらあかん」と、私は、自分自身がベンチに座りながら不安を抱いていました。その不安というのは、必ず選手たちにも伝わってしまいます。

しかし、初めて日本一になったことで、選手たちの頑張りが、私の試合に対する考え方を変えてくれました。私は、「力が出せずに負けたなら仕方がない」と考えられるようになり、不安の中で選手を見ていた自分自身から解放されました。これまでは、考えていることや思っていることが正しいと思われても、不安でその指示ができずにいた自分ですが、私から指示が明確にできるようになりました。

最終的には負ければ、すべて監督の責任なのだと思えばいいのです。少し気持ちを楽に考えればいいのです。監督就任当初の4年間、しんどかった経験を繰り返し、私自身が変わりました。力量はもちろんですが、選手の心を育てることが大事だと感じることにより、チームも勝てるようになってきました。選手も指導者も力を発揮するためには、心の持ち方や考え方が非常に大きく影響するのだと思います。

懸命さの評価は人がするもの

私自身はソフトテニスの指導をきっちり受けた経験はありません。そのため、自分を指導してくれた恩師を参考にすることはできませんでした。高田商業の監督になるまでの私自身の信条、モットーは、「自分なりの精一杯でやればいい」という考え方でした。

したがって、生徒たちにも「自分なりでいいから精一杯やることが大事なんだ」と伝えてきました。しかし、高田商業へ赴任した当初、前監督の楠先生が選手を前にこんなことを言ったのです。「お前さんの懸命さは、どれぐらいなんだ」「自分なりに頑張っているだけだろう」と言っていました。そのような言葉で指導されているのを横で聞きながら、自分のこれまでの考え方は何だったんだろうと、少なからずショックを受けたのを鮮明に覚えています。このことが、私の考え方を大きく変えるきっかけであり、その後の指導の原点となる考え方となりました。

楠先生の考えは「懸命さ」は、人が評価するものということでした。自分なりに一生懸命にやったとしても、それは私にとってのみのことです。選手にとって、チームにとって、大きな貢献にはなっていないかもしれません。懸命さの評価は人がするのです。人が見て、判断して、ようやく「懸命さ」が伝わるのです。物事で大きなことを成し遂げる上では非常に大切なことだと、私は思っています。

努力を当たり前にやること。それを評価するのは人がやることなのです。私を含め、高田商業の選手たちには、当たり前に努力することが求められます。高田商業は、髪の毛の先から足先まで厳しさのある学校といえるでしょう。選手たちには、そういう学校でソフトテニスに取り組むことを「心して臨もう」と言っています。

選手を育てて、勝たせる

私は「指導者」と「監督」には違いがあると思います。指導者は「選手を育てる」こと、監督は「選手を勝たせる」ことが使命だと私は考えます。前監督の楠先生の恩師で、私の大学の大先輩でもある杉山先生からは、「指導者としても監督としても、両方を備えた人間になれよ」と言われたことがあります。

私自身は、監督として高田商業を率いていたときは、「日本一」になることを宿命とされる学校の伝統を引き継がなければならないと思っていました。そのために、私は、常勝を掲げる「監督」となり、走り続けることが、自分の役目だと考えていました。当然、勝つために選手の技術力を高めるための指導をするわけですが、高田商業では前監督の楠先生や女子監督の新子雅央先生などもいらっしゃり、皆で選手たちを指導しているため、それは、決して私1人でやってきたことではないのです。ですから、本当に指導力がある指導者かどうかは、自分でもわかりません。

大事なのは、選手たちと関わる時間をどれだけ持てるかどうか。いろいろなものを犠牲にして取り組むことで、それが選手たちの成長につながるという構図ができればいい、と私は考えています。

私たちのチームが背負う宿命

3年で日本一に導いた楠先生の前監督時代から、奈良県内と、隣の大阪や和歌山から選手が入学してくれるようになってきました。その後、6季連続優勝などを飾り、全国優勝の回数も増え、1986年に私が監督となった頃には、さらに近畿圏からも

「高田商業でテニスがしたい」という選手たちが集まってきました。そして、私の監督時代には、東京や北海道からも選手が来るようになるなど、徐々に全国から「高田商業で日本一になる」という目標を持って選手たちが来てくれるようになったのです。

3年間（実質2年半）で選手たちを日本一にさせないといけません。また、「日本一」にならないと認めてもらえないチームであり、全国大会で2位、3位となって学校に戻ってきても、「今年は負けたんだ」と言われてしまいます。子どもたちはかわいそうなことに、日本一以外は評価されない学校でもあるんです。そのため、1年間で春の選抜、夏のインターハイ団体、同個人、国体で一度も日本一になれない「無冠」で終わった3年生の代は、非常に肩身が狭い思いをするようです。歴代の戦績をリストにしたら、無冠の年は非常に目立ちます。しかし、卒業後、テニスに関わっている教え子や、つながりが続いている教え子は、そうした代の子が多いのも事実です。

高田商業には日本一になるという最大の目標があり、そこに取り組んでいく充実感があります。全国中学校大会などで優勝や上位入賞を果たした選手たちが、さらに高校でも日本一になるために、私たちのチームでソフトテニスをしたいと全国から集まってきます。

そういう選手たちを預かった限り、「高校では日本一になれなかった」という結果で卒業させるわけにはいきません。そのため、私は勝負に勝たせる「監督」になることが必然だった気がします。これまでチームを築いてくれた楠先生や歴代の選手たちのおかげで、全国から優秀な選手が集まってくれるという、非常にありがたい環境も築かれました。常勝チームであり続けるという宿命を背負ったチームに、全国から選手が集まります。日本一を追い続けるのは、背負うものがとてつもなく大きいことも確かです。この現実に向き合い、覚悟を持って日本一を目指して取り組むことが、私たちチームの背負った宿命なのです。

第2章

攻めるテニスに集約された高田商業の育成法

楠先生が築いた高田商業のスタイル

高田商業のソフトテニス部が全国的に有名になっていったのは、1967年に楠先生が赴任し、日本一を目標に取り組まれたことがきっかけです。楠先生は、「3年で日本一にする」という公言通り、見事に3年後の1970年のインターハイ団体で初優勝をされました。当時、楠先生は奈良県の有望な選手を勧誘され、県内の選手だけで日本一になられました。

その後、他府県の選手勧誘にも力を注がれ、近畿圏の選手が入学してくるようになります。当時はほぼ1人で指導されていましたが、1984年の奈良国体の開催が決まり、組織づくりにも専念され、組織の発展に必要な「人、金、物」の重要性を訴えていくようになります。

生徒の育成に関しては、他校（全国的な有名校である大阪・明星高校や京都・平安高校）との練習試合や、兵庫・神戸松蔭高校の練習方法などを持ち帰り、実践されていました。奈良国体の前後の全国大会では6大会連続優勝も果たされ、その後、私が監督を引き継ぎます。楠先生が退職されるまでの期間は、楠先生は私と共に選手の指導をしてきましたので、現在も続く高田商業のスタイルは楠先生が築いてこられたものが基本です。

以下、練習と試合におけるポイントについて挙げてみます。

【練習】

①元気いっぱいにプレーすることを当たり前としている
②日本一を目指す＝日本一の練習量
③ボールを打つときには必ず声を出して打つことを重視している
④準備、片づけは全員でやる
⑤3面、4面のコートを使って練習する場合、コートの振り分けは強い順で（入れ替えは大会の結果によって）
⑥指導は、3～4人の指導者で男女を指導する

※赴任当初は男女同じメニューで練習していましたが、途中から男女別の練習に

⑦休みの日には、全国各地から練習試合に来校（中学生や戦績のない学校が来校されることも）↓来る者は拒まず、去る者は追わずの方針
⑧実戦を念頭においた練習（基本練習においても実戦を想定したものに）
⑨効率的で効果的な練習をさせる↓上げボールの重要性を周知させる
⑩練習において気づいたことはすぐに指摘
⑪練習を理解できていなければ、すぐに集合して説明する
⑫試合で勝つために必要な技術習得を目指す
⑬相手のテニスに対する対応力を習得させる
⑭他校が来れば、どのような実力の学校であろうと強い順に試合をさせる
⑮自校だけでなく、他校の選手へのアドバイスも惜しまない
⑯一斉に練習を始め、一斉に終わってミーティングをして帰宅させる
⑰年間を通して休み（夏、冬4～5日が2回）以外の日は、ほぼ同じ時間に帰宅させる
※テスト期間中は全員で勉強会を実施

⑱いい練習はすぐに取り入れる
⑲プレーにおける損得や確率を認識させることが多い
⑳ポイントを取る技術を習得させる
㉑コートでは、上級生も下級生もなく、同等
㉒手を抜くことには厳しく指導する
㉓「たかがテニス、されどテニス」といった考え→テニス以外のことにも懸命に取り組ませる　※学校行事等で活躍
㉔「謙虚」や「献身」を備えた選手育成。謙虚→さまざまな人のアドバイスを素直に受け入れる心。献身→自分のためよりも人のために頑張る心
㉕「日本一になるんだ」という欲望を持って取り組んでいる集団→願望ではない。試合での戦うスタイルにつながる

【試合】

①テニスのスタイルは、どちらかといえばベースラインプレーヤーを主体としたテニス

※後述しますが、これは、私が監督として取り組んでいた期間のことで、監督（指導者）によって変わります
②試合前の乱打から、試合が始まっているという気持ちで入る
③1ゲーム目の1本目から全開でプレーする
④常に積極的に攻撃的なプレーをする
⑤サービスでの攻撃を厳しく
⑥セカンドレシーブでは激しく攻める
⑦戦う上で戦法や戦術を重要な要素としている
⑧弱点を見つけたら徹底して攻めていく
⑨上手なテニスより、強いテニスを求めている
⑩先手必勝を目指すテニスを心掛けている
⑪よく走り、よく拾い、簡単にポイントを与えない
⑫決して諦めない
ソフトテニスのダブルスを俯瞰して考えてみると、ベースラインプレーヤーが主体

となるスタイルと、ネットプレーヤーが主体となるスタイルの両方があります。これは指導者によって変わってくると思います。高田商業は楠先生が指導されていたときは、楠先生がネットプレーヤーでしたので、やはりネットプレーヤーに対する注文や指摘が多く、試合の中でのネットプレーヤーの働きを重視されていました。そのため、どちらかといえばネットプレーヤー主体のテニスであったと思います。

当時、大阪・明星の杉山先生（ベースラインプレーヤー主体のテニス）との会話で、杉山先生は「明星のベースラインプレーヤーと高田商業のネットプレーヤーが組めば、日本一まちがいないな」と話されていたと記憶しています。私はベースラインプレーヤーでしたので、試合を見ているとどうしてもベースラインプレーヤーへ求めるものが多く、その要求も高いものでした。従って、どちらかと言えばベースラインプレーヤー主体のテニスだったと思います。私のあとを継いだ紙森先生はネットプレーヤーでしたので、やはりネットプレーヤーに対しての要求が高く、ネットプレーヤー主体のテニスの傾向にあったと思います。現監督の越智敏晃先生は、私と同じベースラインプレーヤーで、どういったスタイルのテニスを築いていくのか楽しみです。高田商業はベースラインプレーヤーの指導者とネットプレーヤーの指導者が、常に一緒に指導にあたっています。これは、選手育成に関してバランスがとれ、良い点ではないかと思います。

テニスを簡単に考えることが勝利への近道

ここからは、高田商業のスタイルを具体的にお話ししていきたいと思います。私の指導方針では、「テニスを簡単に考える」ことが大事だと考えています。極端な話をすれば、ソフトテニスでは、「サービスエースを16本取れれば試合は勝てる」のです（7ゲームマッチの場合）。しかし、それは現実的には不可能なことですから、次に考えるのは、サービスからの3球目攻撃で勝負をつけられるよう、「3球目攻撃のできるサービス」を目指すことです。また、それに加えてサービスコートの外側、内側へと「サービスの打ち分けによる配球」を考えます。さらには、「レシーブではポイントが取れるレシーブ力を身につけ」「相手のサービス力やコースを読むことで攻撃につなげる」、また「カウントによりレシーブを配球する」など、シンプルで簡単な戦い方をプラスしていきます。複雑に考える戦術ではないと思います。

これらはモットーである「かかっていくテニス」を追求していく中で、非常に大切なことです。ソフトテニスの試合で、負けるときは、「テニスを複雑に考えてしまった」ときだと思います。あれこれ考えすぎて、迷ったプレーをするとミスや失点につながるため、シンプルにやるべきことを判断していくことが大事。だからこそ、「テニスを簡単に考える」ことが勝利への近道となります。特に、日頃の練習でやるべきことは、テニスを行う上で基本中の基本、「サービス&レシーブ」に時間をかけることです。

国内のソフトテニスはダブルスが主流で、ベースラインプレーヤー（後衛）、ネットプレーヤー（前衛）が役割分担をして戦う「雁行陣」という陣形が主流です。現在、日本代表や各年代のトップ選手たちはペア2人が共にネット中間よりも前に出て、ノーバウンドで対抗するダブルフォワードという陣形をとる場合があり、そこではオールラウンドプレーが求められます。よりネットに近いところで戦うダブルフォワードは「小さな雁行陣」（ダブルフォワードはネット前で勝負するため、範囲が狭くなったところで雁行陣を行うという意味）とも言われています。

戦い方の変遷はありますが、基本であるサービス＆レシーブを、まずはきっちり行うことが勝利への大前提です。その上で、ネットプレーヤー、ベースラインプレーヤーそれぞれが自分の役割を果たすことが求められます。雁行陣の場合、ネットプレーヤーが試合中1本もボレーやスマッシュなどのネットプレーをしなくとも、試合には勝てることもありますが、サービスやレシーブは必ず行わなくてはなりません。その上で、2人が他のポイント力を高めていくことが、日本一への重要な要素となります。

日本一への第一歩、1本目を厳しく打つこと

高田商業では、「1本目を厳しく打つ」ことを徹底します。相手の攻める機会を少しでも減らし、相手に力を発揮させないようにするためです。

プレーボールからゲームセットまで、ネット上を何回ボールは行き来するのでしょうか（ラリーは何往復するのか）。実際に試合で考えると、ラリーは平均4本も続き

ません。つまり、自分たちのペアが2本、相手ペアが2本、合わせて4本の間に片がつく割合が非常に多いわけです。だからこそ、1本目、2本目を厳しく打っていくのが大事になるのです。1本目のボールが厳しければ、返球されてくるのは容易なボールになることが多いので、3本目、4本目でまた攻撃的なプレーができます。そういう考え方が、ポイント（得点）するための近道でもあります。

では、1本目を厳しく打っていくために、必要なことは何かを考えましょう。たとえば相手のファーストサービス時、いかにそのコースを読んで攻めることができるか。相手のコースが読めないと、レシーブミスや失点につながります。しかし、相手のサービスコースを読めれば、攻撃もできます。そのため、練習ではファーストサービスをレシーブで攻める練習をします。それも、ネット際のレシーブが打てれば、相手にとっては対応するのが難しいボールのため、相手のミスを生むことも可能になります。実際は簡単ではないかもしれません。が、やるべき練習の1つです。

難しい練習をするとき、「難しいな」「できないな」と思いながら取り組むのと、「これができなければ日本一にはなれないんだ」と思って積極的に取り組むのでは、その姿勢の違いが力の差となっていきます。難しいが身につけるべき技術はあります。難しいと諦めたり、妥協したりしてはいけません。指導者自身が妥協してしまえば、選手の技術の向上は望めないのです。

準決勝、決勝でもいつも通りに戦う

日本一を目指すチームとしては、選手たちに「全国大会のベスト4入りまでは、お前たちの力ではない」と話をすることがあります。先輩たちが築いてくれた「強豪・高商」の看板の名で、相手が、自ら崩れて負けてくれることがあるからです。

問題は、準決勝、決勝をどう勝ちきるかということです。準決勝、決勝となると、どちらに転ぶかわからない、競って当然の戦いになります。そのことを頭において、いかに本番を意識した練習ができるかがカギを握っています。練習は本番を意識して、本番は練習でやっているように、それを伝えるために「いつも通り」という言葉にして選手らに伝えなければいけません。

準決勝、決勝を勝ちきるために、どのような技術を身につけなければならないか、どういう精神状態でなければならないか。この点がポイントになります。「かかっていくテニス」を掲げている高田商業が求めるものの1つが、サービス力、レシーブ力です。

高田商業は、サービス力、レシーブ力の強化に力を入れてきました。1997年の京都インターハイ団体戦、最大のライバルであった三重高校との決勝の3番勝負、ゲームカウント3－3のファイナルゲームでマッチポイントを握っていた場面でのことです。私はサーバーの石川洋平に「ファーストサービスを入れろ。返球された相手ネットプレーヤーのレシーブを、ネットに詰めてくるレシーバーがローボレーで触るか、触らないかのところにボールを打て」と指示しました。

こうした指示が出せたのも、高田商業の選手にサービス力があり、土壇場でも狙ったコースにサービスをコントロールする力があるからです。さらに、相手ネットプレーヤーがローボレーの能力が高いからこそ、取れるか取れないかのコースでも、ローボレーに自信があるため、必ず手を出してくると読むことができました。

案の定、一瞬の迷いを生じながら、その中で処理しにきた相手ネットプレーヤーのプレーはミスにつながりました。いくつもの経験を経て、数多くの対戦を通して勝敗を左右するプレーは、大事な場面でのサービス力であったり、レシーブ力であったりするものです。

このようにサービス力、レシーブ力をつけておくと、テニスを難しく考えずに、簡単に考え、それを実践することで、確実にポイントを取ることができます。これは、常に日本一を狙う高田商業だからこその考え方ではなく、どのチームにも言えることだと思います。

もう1つは、「一本の怖さ」がわかる選手を育てることです。ゲームには必ず流れがあります。自分たちのプレーがうまく進んでいるときと、逆に相手の流れでゲームが進んでいくときがあります。自分たちのプレーがうまく進んでいるときに、その流れを変えていくきっかけは、何気なくやってしまうミス。「チャンスの神様には後ろ髪がない」とよく言われます。勝負ごとにおいてチャンスは一度しかこないと思い、臨むことが重要です。負けたあとに、試合を振り返って「あの一本が…」「あの場面でのプレーが…」と後悔することが実に多い。一方的にリードしていても、ワンプレーで流れが変わり、負けてしまうこともあれば、その逆もあります。一本の怖さを知った上で、プレーに集中できるよう、選手の育成に日頃から神経を使うことが大切です。

これまでお話したような考えをベースにし、私は大会へ臨みます。しかし、本番の大会での初戦はやはり怖いものです。しかも日本一狙えるときほど、選手たちは（トーナメントの）先を見てしまいます。すると、緊張感の中で力が出なかったり、大事に試合を運ぼうとして丁寧にやりすぎたりということが起こります。実際、優勝した大会でも初戦で負けそうになったことは少なくありません。準決勝や決勝での戦い方と同時に、初戦の入り方や戦い方も指導の上ではとても重要です。

さまざまなテニスに対応できる技術の習得を目指す

「得意なプレーをより向上させる」「苦手プレーを強化し、欠点をなくす」など、指導者の指導方針もさまざまだと思います。

私自身は、選手たちにはできるだけ特徴を作らせないようにしています。言い換えると、さまざまなテニスに対応できる技術の習得を目指し、3年間で苦手意識をなくせるような指導をします。

ベースラインプレーヤーは基本的に10人中9人が引っ張る（右利きなら自分より左側に打つ）方向へ打つ方が得意だったり、一方、ネットプレーヤーは基本的に10人中9人がフォアボレーの方が好きだったりします。しかし、得意な技術は得意な技術として、高田商業で苦手意識をなくすためには、選手たちは何を身につけるべきでしょうか？

ベースラインプレーヤーには「流す（右利きなら自分よりも右側に打つボール）方向に打つ」を、ネットプレーヤーは「バックボレー」を、さらにスマッシュ力をつけさせます。大事な場面で相手が逃げてくるボールをスマッシュで叩ける力がないと、厳しい試合を競り勝つことはできません。このような練習をすることで、どのような相手に対しても対応する力が養えます。ちなみにベースラインプレーヤーの左利きの選手には、引っ張るボールが得意になるよう指導します（流す方向へ打つのが好きな選手が多いからです）。

多くの選手は追い込まれた場面では、自然と得意なプレーを出してきます。得意なプレーを磨くことは大事ではあるのですが、相手に読まれやすくなる点も知らなければいけません。ですから、得意なプレーを磨く以上に、勝つために必要な技術を身につけさせることが大切です。そう考えれば、おのずとやるべきことが見えてくると思います。

指導者に求められるのは、相手の弱点を発見することです。高田商業の選手には、「試合前の1分間の乱打から勝負が始まっている」とよく言います。特に、初めて対戦する選手と戦う場合、その乱打で「バックハンドストロークは得意か、苦手か」「緩いボールは？」「動かされるボールは？」「グリップの握り方は？」などのポイントから、何か相手の特徴を発見するようにと教えています。実際は、選手には難しく、指導者が発見したりすることが多いですが……。

また、試合序盤で相手のベースラインプレーヤーに走らせて打たせたり、相手のネットプレーヤーがネットに前進する際に、バックハンドや足元、ボディーを突いたりして仕掛けることで、「フットワークがいいか」「ローボレーが得意か」など、相手の情報を知ることができます。ネットプレーヤーには「まず動くように」という指示も出します。動くことで、相手はどう対応してくるのかといった特徴を発見できるからです。

さらに、7ゲームマッチで3ゲーム目が終わった段階で、悪くても1－2であれば「勝負になる」と選手にアドバイスします。けれども、その場合、序盤の3ゲームで何か仕掛けをしておく必要があります。そうすることで相手の特徴や苦手な部分を発見することができ、その後の展開の中でアドバイスが出しやすくなり、勝つための戦法が明確になっていきます。4ゲーム目以降は、私は具体的なこと、例えば、「このコースを使え」「このコースへ打て」「相手がミスするまで、そこを突いていけ」「ここへ打つボールを狙え」などのアドバイスをするようにしています。

ベンチに入った指導者は、経験が浅いとコートチェンジでベンチに帰ってくる選手に、終わったプレーについて話をしてしまう傾向があります。実際、私も勝てなかった時期はそうでした。指導者の頭の中に残る失敗したプレーやもったいないミスを、ついつい話してしまうのです。それは選手も同じで、頭に残っています。本来は終わったプレーは早く忘れて、次のプレーに気持ちを切り替える必要があるのに、ベンチに戻るとまた指摘されてしまう。選手もモチベーションが下がってしまうでしょう。そのような指導者では、選手を勝利に導く可能性は低くなってしまうのではないかと思います。

私自身、勝ち始めてからは、「終わったことはどうしようもない」と割りきって次のゲームのことを話すようになりました。そして、「流れはどうか」「相手は何をしてきそうか」「次のゲームで何をすべきか」などを選手に伝えられるようになりました。

さらに、勝敗を分けるファイナルゲームになった場合は、ここまでつながってきた流れを踏まえ、「勝つためには、これから、どうゲームメークしていくべきか」など、選手への指示やアドバイスがより明確になっていかなければいけません。

相手に対応する際の気持ちの持ち方としては、「相手を認めない」ということも重要です。実力があり、上手な選手にも弱い部分はあるはずです。私は相手を認めたら、その時点で負けだと思っています。たとえ、他校で能力の高い選手がいるとしても、「こうしたら、勝てるんじゃないか」と、常に考える。それこそが、戦う者として大切なことです。どんな相手に対しても、勝つための戦術を考える。これは選手たちに、常々言っていることです。

その一方で、矛盾しているようですが、相手の上手な選手のプレーをしっかり見て「その技術をまねしろ」とも言います。「技術がある＝試合で勝つ」ではないと思っていますから、相手が強いと認めるわけではありません。けれども、いいプレーをどんどん学んでいく姿勢は大切です。

夏に向けて心技体を向上させ、プレーの精度を上げていく

これは私たち高田商業としても実感していることですが、「高田商業は夏に強い」チームだといえます。私が指導してきた20年間で、夏のインターハイでの全国制覇が春の選抜に比べ倍の数です。ソフトテニスでは、インドアと屋外コートでは、コート

サーフェスが異なります。インドアでは木目などの体育館で、屋外では主に砂入り人工芝でのコート、ときにはクレーコート（土のコート）でプレーすることになります。コートサーフェスが異なることで、そのサーフェスでの効果的なプレーが違ってきて、テニスの展開自体も変わってきます。基本的に、ソフトテニスでは春の高校選抜大会はインドアでの大会、夏のインターハイや国体は屋外コートで行われています。毎年日本一を狙ってチームづくりをしますが、全国大会で必ず日本一を狙っているかとも言いきれません。各大会においてそれぞれの目的や方針があるからです。

なぜ夏に強いのかは、夏以降の大会に標準を合わせて練習をしているからです。本気で選抜大会を目指せば、3月末の春先に合わせ、インドア練習を主にして、シュートボールの割合を減らし、ロビングやカットサービスといったインドアで有効な技術を身につける必要があります。

しかし、選抜に勝つためのテニスはあえてしません。インドアでロビングを上げて展開をつくって相手陣形を崩し、相手が打ち損じたボールなどをスマッシュで叩くといったインドアでのテニスをせず、シュートボールを打っていきます。それで負けることもちろんあります。春先は夏に向けてシュートボールの精度を上げていく時期でもあるので、この時期はシュートボール自体の正確さも高いとはいえません。力強いボールである「シュートボール」を主体とした打つテニスが高田商業のテニスです。サービスはカットではなく上からのオーバーヘッドサービスです。

すべては夏以降のためといっても過言ではありません。年間を通して夏に向けた練習に取り組むチームのため、インドアに適した技術練習よりも、屋外コートでのテニス（打つテニス）に重点を置いて練習を重ねていきます。すべてに勝つことももちろん大切ではありますが、夏に向けて心技体を向上させ、プレーの精度を上げていくという方針は、前監督の楠先生の頃から変わっていないことです。打つテニスで果敢に攻め、「かかっていくテニス」で全国制覇をする――それは今でも揺らぎません。高田商業らしく、全国制覇を成し遂げること。それは高田商業のこだわりといえると思います。

どんなときも変わらない精神状態を身につける

高田商業では「陽気に、元気に、ほがらかに」が前監督の楠先生の頃からのモットーです。元気いっぱいに、気持ちを込めて戦うことを選手たちには求めます。

選手に「技術は10割出せ」といっても、実際の試合では出せないものです。しかし、戦うエネルギーは10割以上出すことを要求します。これには、「上手」も「下手」も関係ありません。誰もができることで、その気になればすぐにできます。すぐできることをやる選手か、そうでないかでその選手の先が見えてきます。ですから、入部したての1年生であっても、入学から3カ月くらい経てば、「高田商業の選手になれた」「まだなれていない」ということがわかります。

私が選手を叱る場合、その理由は何かというと、「選手が自分の精神状態により、態度が左右されている」と感じることについてです。取り組みに対して、自分の心の状態は関係ないと選手には話しています。自分の精神状態で、他人への態度が変わってしまうことがあるのは、自分の精神状態が安定していないからです。心が鍛えられていないから、そういうことが起こるのでしょう。

目標は、どんなときも変わらない精神状態を身につけることです。勝敗が分かれる場面では、そこで技術を身につけておくことはもちろん、そのときに自分の精神がどういう状態なのかを考えなければいけません。精神状態がしっかりしていなければ、自分の目標、「日本一」には到底たどり着けません。練習でも日常生活の中でも、苦手なことに懸命に取り組むことで、心を鍛えることができると思います。

どんなに一流選手だとしても、負けそうなとき、追い込まれるときはあります。そこで重要になってくるのは、諦めない心です。相手のマッチポイントのとき、「ボールが2バウンドするまで諦めるな」「それまでは何が起こるかわからない」と選手を諭します。絶体絶命のときにいいプレーが出るのは、気持ちで負けていないからです。選手が諦めずにプレーし、いい結果を導いた経験は、指導者人生の中でも何回もありました。

常に本番を意識した練習を、指導者として心掛けてきました。練習のための練習では意味がなく、「本番だったらどうなる」のかと意識する練習をすること、そういう積み重ねがあってこその目標達成なのだと痛感しています。「絶対に日本一になる」という気持ち、諦めない気持ちが、必ず結果に導いてくれます。高田商業のことを、「ファイナルになると強いチームだ」などと言ってくださる方たちもいます。それだけ日本一になる思いを強く持っているからだと思っています。

本番を意識した取り組みは日頃の練習はもちろんのこと、練習試合でも、大会の準決勝、決勝ではどういうテニスをするのかなどと考え、本番同様に意識して臨んできました。

各チーム、それぞれの目標があるかと思います。しかし、レベルは異なったとしても、「『この場面のために』練習している」と理解して練習できると、勝つテニスができるようになると思います。ぜひ、日頃から本番を意識した取り組みを心掛けてみてください。

涙の出ない全国優勝

私は全国優勝をして涙を流したことはありません。全国優勝を宿命とされたチームを引き継いだということによるところが大きな理由です。やはり「うれしさ」よりも「ホッとした」という思いが一番です。

優勝した喜びは一瞬で終わります。優勝まであと1本となり、マッチポイントを握り、ゲームセットのその瞬間だけ、喜びが押し寄せます。ただ、すぐに「次がある」と現実に戻るのです。「新チームのメンバーはどうなる?」「次は、どう戦っていくのか?」など、頭の中は次の大会や新チームのことばかりです。

私が心掛けているのは、優勝した翌日は、いつも以上に早くコートに行くことです。翌日からは、新たな戦いがスタートします。

インターハイでは、優勝翌日なので団体メンバーであるレギュラー選手は休みを与えることもありますが、応援に回っていた選手たち（サブメンバー）は練習をし、新チームでのレギュラー入りを目指します。

監督は前日の優勝の余韻は引きずらず、新チームの選手たちのことを考えるべきと、私は思います。満足感を持ってしまうと、次に進めません。だから、私は勝ったことはすぐに忘れます。選手にとっては1年1年が勝負であり、その貴重な時間を指導者は共に過ごしていかなければいけません。

優勝しても涙は出ない私ですが、監督として最後の全国大会であった2007年の秋田国体で、少年男子の部で奈良県が優勝したときには自然と涙が出てきました。「もう監督としてベンチに入ることもないんだ」という解放感と共に、監督として最後にベンチに入ったインターハイ、同国体と優勝で幕引きができる喜びからだと思います。20年間、すべてをかけて指導者として走り続け、休憩することなく、「次は」「次は」と毎年、新たなチームづくりを繰り返してきました。正直なところ、最後は情熱が薄れてきた部分があったのかもしれません。

教職に就く卒業生の多さは高田商業の財産

高田商業の財産は、多くの卒業生が教員となり、全国各地でソフトテニスに関わっていることです。他校の指導者の方々から、「ウチの卒業生も教員に、指導者になってくれたらいいのに」とうらやんでくださる声もあります。このことは、本当に指導者としての喜びです。

高田商業での経験を通じて、自分もソフトテニスを教えたいと思ってくれたのであれば、教師、そして指導者としてもこれほど嬉しいことはありません。以前よりも教師を目指す人が少なくなっている中、高田商業の卒業生は教員を意識して大学に進み、教員採用試験に挑戦していってくれています。

高校時代、ソフトテニスを通じて高い目標を持って、日々の生活を送ってきた子どもたちが、教員となって指導現場に戻ってくることは、教師冥利に尽きます。人間的に成長した姿を見せてくれることは本当に嬉しいことです。子どもたちの高校時代だけではなく、子どもたちが指導者として成長した姿にも関わっていくことができます。人間対人間の関わりが深まっていくのです。

そして、他高校の教員になり、ソフトテニスの指導を続ける卒業生は「高田商業に勝つ」ことを目標に自分のチームを育成しています。また、中学の教員になった卒業生は、高田商業へ選手を送り込んでくれます。けれども、高田商業は公立高校なので、選手勧誘については、欲しい選手（高商でやりたいと思ってくれている選手）を断らなければならない場合も多々あります。受験に合格できなかった場合は、志望してもらったとしても他校で頑張っていただくしかありません。

私は自分自身、「あくまでも本職は教員で、学校の公務が一番大切である」と考えています。教員としての仕事は絶対手を抜きません。そうしなければ、ソフトテニス部を心から応援してもらえないという思いがあるからです。私は学校の業務に対しての報酬をもらっています。ソフトテニスだけをするための人間ではなく、ソフトテニス部を見ながら、学校の仕事をしっかり行い、担任を持って、ソフトテニス部以外の生徒たちに尽くしていかなければなりません。周囲の先生方からも、信頼されていかなければならないと思っています。

ソフトテニス部のため、もちろん自分のためにもそうしなければなりません。楠先生からは「管理職になれ」と言われました。最初は驚きましたが、高田商業ソフトテニス部のためにそうするべき、ということだったのです。そうして学校に尽くせば、ソフトテニス部のことも学校全体から支援をしてもらえるようになるということです。すべてはソフトテニス部のためと言えるのかもしれません。

第3章

勝つための指導に必要な要素は何か？

私の指導方針

選手に目標を持たせること――。明確な目標設定が何より大切だと、私は思います。そしてその目標を具体化するために短期目標・中期目標・長期目標を立てていく必要があります。最終的に日本一を考えたとき、1年時に全国大会へ出て経験する、2年時には上位まで勝ち上がっていく、そして3年時に日本一になる、そのような基準を選手たちにはよく話します。あくまでも基準であって、全中で活躍した選手であれば2年で日本一になる選手もいます。

技術の習得では、1つのことを身につけるのに運動能力が低くても3カ月あれば身につき、早い人であれば1~2週間で身につけることができると思っています。選手たちに対しては、目標を明確にすることで「考え方を変えてほしい」という意図があります。高田商業には「日本一になる」というチームの大きな目標がありますから、日本一になるための考え方がわからないと、何も変えることができません。考え方が変われば、必ず行動が変わってきます。普段の（生活面も含め）練習においても取り組む姿勢が変わってきます。

また、その目標に対する思いも「達成できればいい」という願望ではなく、「達成するんだ！」という欲望であることが重要です。

性格ですら変わらないものではなく、変わらないと思うから変わらない。変える気があるかどうかが問題なのです。すべては自分次第です。また、すべてにおいて真面目ならいいというわけでもありません。（多少の）「ええ加減さ」も必要です。試合の中で、上手くいかないときや追い込まれたとき、「仕方がない」と割りきることも勝負には必要です。「ええ加減」の部分が多いのはダメですが……（笑）。

楠先生がよく生徒に言っていたことがあります。他校で中学の時には歯が立たなかった相手でも、高田商業で1年やれば対等になる、2年で抜かせる、と選手に伝えるといいます。ソフトテニスを始めた時期が遅い選手でも努力すれば、大きな成果を出せるということです。そうして、選手が成長をしていく姿を、そばで見ることができるのは指導者冥利に尽きるのです。選手の可能性をいかに引き出すか、可能性を信じて指導することは、私の目指すところでもありました。楠先生の言葉は、私の指導方針に大きな影響を与えています。

しかし、その思いは、昭和から平成になった頃は信じてやっていましたが、いつからかその考えは薄れてきた感があります。選手自身が、順番を自分で決めてしまっています。「小学校で全国の上位で活躍した選手が、中学でも、高校でも上位で活躍する。すべて決まっている」というふうに考え、自分で自分の可能性をつぶしてしまっているような気がします。そういう子どもたちの意識の変化に対し、指導者である私の方も「鍛え上げて勝たせる」意識が薄れてしまっているのかもしれません。

今は、そういう時流なのかもしれませんが、それでも可能性を信じ、私たち指導者が選手の可能性を引き出す手助けをしていきたいと思っています。

もう1つ特筆すべきことは、高田商業の選手が「大人とよくしゃべる」と言われることです。「大人と話せる選手」を育てるのも大切な目標です。大人と平気で話せる選手は、人の心を読むことがうまいということがいえるからです。これは、試合の中での駆け引きに存分に生かされます。

指導者の言葉の「選び方」「伝え方」

高田商業の代名詞ともいえる「かかっていくテニス」には、常に挑戦者であれという意味が含まれています。まずは、いかに闘争心を前面に出してプレーをするかです。高田商業では、黙ってボールを打っていると注意を受けます。練習中には、「声を出してボールを打て」と声掛けします。すべてのプレーでボールが当たる瞬間に、息を吐き、声を出します。「オリャー」「ハイ」「ヨイショ」などの吐く声が大事です。これには、ボールが当たる瞬間の力みをなくすという意味合いもあります。1本、1本、声を出し、心を込めてボールを打つことが大事です。選手たちには、「これが高田商業の元気の良さでもあり、かかっていくテニスの基本だ」と指導してきました。

また、喜怒哀楽を身体全体で表現することも大切です。「ポイントを取れば喜べ、取られたら悔しがれ、そして、次はやり返してやるという思いを持て」と、端的に伝えています。私は基本的に、できるだけ短い言葉で選手にアドバイスをします。特に直感を重んじる選手には、「走れ」「打て」などのキーワードで伝えます。選手の性格などにもよりますので、全員にあてはまるわけではありませんし、アドバイスの内容によっては段階的に説明をし、1段階ずつ理解をさせてから、次の段階の話をする場合もあります。

また、ペア同士の言葉の掛け方として、ペアを励ます一方で、ペアの凡ミスに対しては、「しっかりいくぞ」と、厳しい言葉も言えることが大事だとも話しています。仲良しペアでは勝てません。考えや思いを共有し、協力し合って、勝利を勝ち取るわけですから、指摘ができなければいけません。ペアの相手に指摘するということは、自分もミスなく、しっかりプレーしなくてはいけません。こういう関係性が成立していないと、ダブルスでのペアワークは築いていけないと考えます。

高田商業のモットーである「かかっていく」テニスを実践するには、どんな相手に対してもかかっていかなければいけません。選手は勝てると思う相手や弱いと感じる相手には、どうしても受け身で戦ってしまう傾向にあります。本番で、そういった受け身のプレーが出てしまうと、いくら実力差がある相手との勝負でも何が起こるかわかりません。実際、全国大会の初戦で苦戦することがあるのは、「負けられない」という思いが、「無難に」とか「丁寧に」といった思いにつながるからです。

そのため、実力が下の相手に対しても受け身にならないよう、日頃の練習から意識させるようにしています。例えば、高田商業に強い学校も、そうでない学校も、また中学生も練習試合に来ます。来る者は拒まず、去る者は追わずといった方針でやっていますので、どんな学校が来ても、練習試合はうちの大将ペア（エースペア）から順番に試合をさせます。そして、「コテンパンにやっつけろ。それが相手への礼儀だ」とアドバイスします。このように、受けのテニスをしてしまう習慣をつくらせないよう心掛けています。

また、「陽気に、元気に、朗らかに」という、もう1つのモットーも、高田商業のテニス部の大事な柱です。このモットーには、全員で上手くなろうという目的があります。元気がない選手への声掛けであったり、笑顔が出るように皆で盛り上げたりすることで、陽気で活気のあるチームの雰囲気につながっていきます。すると、ピンチの状況の中でも、必死にプレーすることで実力以上のプレーができたり、これまでできなかったプレーができるようになったり、ファインプレーにつながったりということがあります。

高田商業に入学し、1年生の夏休みに地元の中学校へ顔を出す生徒が多いのですが、中学校の先生から、「あの子は中学校の頃は、あんな子だったのに高商へ行ったらこんなに変わるんですね」とよく言われます。これも選手たちが「陽気に、元気に、朗らかに」という高田商業のモットーを体現しようとしている証拠であり、短期間で変化していく選手たちの姿を見るにつけ、こちらの期待も広がっていくのです。

選手に力を発揮させる言葉を使う

大会本番で、自分の持っている力の100パーセントが出ることはなかなかありません。テニスコートに立っている選手は、「勝つためにいいプレーをしたい、しなくてはいけない」と思ってプレーしています。しかし、その思いを持ったままプレーをしていると、反対にいいプレーが出にくく、終わってみれば力の半分も出せずに負けてしまうこともあります。

普段、私は選手たちには、「ソフトテニスは基本、ミスで試合が進んでいく競技である」「ファインプレーやいいプレーが多い選手が勝つのではなく、ミスが少ない選手が勝つものである」と話しています。つまり、いいプレーやいいボールを打つことを求めて試合をするわけではありません。飛んでくるボールが攻撃できるボールだから攻撃するだけで、無理して強引に攻めることや、ポイントがほしいから攻めるといった安易なテニスはしないように指導しています。例えば、自分の体勢が崩れているにもかかわらず、強引に攻めにいけば、たいていミスにつながります。

理想は、「ポイント0、ミス0」で勝って終わることです。つまり、自分はミスをせず、相手のミスで勝つということです。ただ、相反しますが、「それでは、ミスをしないようにテニスをすればいいのか」ということではありません。ミスをしないように意識すればするほどミスは出てしまいます。だから、ミスをしないように考えるのではなく、あえていいプレーをする必要はないと考えるのがいいと思います。要は、「いいプレーをしなくても、ポイントは得られる」のです。ソフトテニスは1ゲーム

4本の取り合いですが、1ゲーム奪取する場合、ベースラインプレーヤー1本、ネットプレーヤー1本とポイントにつながるプレーがあったとして、あとの2本は相手のミスでポイントを得られるということです。選手に精神面で、プラスの効果を与える声掛けは難しく、指導者としては、選手にどんな言葉掛けがいいのかと考えます。

やはり、「(普段の自分の)7~8割の力が出せればいい」という言葉がいいのではないでしょうか。その言葉の裏には、「普段やっていることと違うことはするな」という思いがあります。本番の緊張感や不安、会場の雰囲気等々で、いつもの自分とどこか違うといった感覚は誰しもが経験するものです。そこに「勝ちたい」という気持ちが強いほど、普段やらないことをしてしまうという心理に陥ります。だからこそ、この言葉と同時に大切にしているのが、「エネルギーは100パーセント以上出して戦え」ということです。技術を出しきろうと思っても思い通りには出ないものですが、エネルギー(元気の良さや、「やるぞ!」という闘争心)は出そうと思えば、誰でも出せるのです。本番で自分の持つ実力は7~8割出せればいいですが、エネルギーは100パーセント以上を出す。そこを、選手たちには求めています。

そしてもう1つ、私は「いつも通りやれ」という言葉もよく使います。とにかく普段できないことは、本番の試合ではそこから2〜3割減のプレーしかできないのですから、「いつも通り」にしなければいけません。第一条件として、いつも通りのプレーをすることを心掛けなければならないのです。

当然、選手にはさまざまなタイプ（性格）がいます。緊張しすぎる選手、すぐに弱気になる選手、リードされると焦ってプレーする選手、気が強すぎる選手、気が優しい選手、冷静にやりすぎる選手、目立ちたがる選手、粘り強い選手、すぐにあきらめようとする選手、周りを気にせず淡々と戦う選手……。また、プレースタイルにおいても、ペアに頼ってしまう選手、自分1人でやろうとする選手、不安でベンチばかり見る選手、できるのに自信を持ってやれない選手……など、挙げればキリがありません。

さらに、その代（学年）にもそれぞれ特徴があります。キャプテンを中心にまとまりのある代、仲良し集団の代、まとまりのない個人主義の選手が多い代、上級生と下級生に隔たりのある代、力があるのにまとまりがない代、まとまりはあるけど力がない代……などさまざまです。そういった特徴のある選手や集団に対してどんな言葉を使えば、力を発揮し、勝てるだろうかということをよく考えた結果が、「7〜8割の力」「100パーセントのエネルギー」「いつも通り」のフレーズなのです。

駆け引きや戦術を教える難しさと面白さ

昔は「駆け引き」や「戦術」を教えることは難しいとされてきました。しかし、今では小学生でも駆け引きをしながらプレーする選手もいます。

ソフトテニスは球技ですから、相手陣形の崩し方やカウントでの攻め方、ポジショニングの仕方……など、セオリーがあり、それを教え、試合の戦術として使っていくことはできます。しかし、対人競技であり、相手があってのことです。初めて対戦する相手など、試合が進む中でようやく見えてくる部分もあり、それを含めて、高校生に自分で駆け引きしなさいというのは、私は難しいことだと思います。

そのため、指導者が相手の弱い部分や、ゲームの流れ、損得、心境などを観察し、選手に伝え、それを踏まえて、駆け引きや戦術を判断していく指導の方が、選手個々に駆け引きさせるよりも効果的だと思います。そういう1つ1つの過程を積み重ねていく中で、相手の技術や性格、心理状況を観察する力を選手に身につけさせるのです。その中で「相手を読んでプレーする」ことの面白さを知っていけば、より駆け引きの重要性も理解できるはずです。

また、戦術や駆け引きには、確率も大きく関係してきます。「この打ち方ならば、このコースへ打ってきやすい。このコースには打ちにくい」「このカウントでは、このコースには打ってこない」など、確率を考えて、次の攻めや守りへの準備をしていきます。これはセオリーなので、日頃から教えて、実践練習していかなければなりません。試合本番では、私の場合、流れの中で相手と自チームのペアの状況や流れを見て、指示することも多いです。

基本的に、私は試合の序盤は「動け」、中盤は「待て」、最後は「動け」と指示します。「動け=仕掛けろ」でもあります。後半に動けというのは、ミス待ちではなく、最後まで攻めの姿勢で戦うという意味です。これはソフトテニスに限らず、どの競技でも、試合をする中で、終盤の試合を左右する大事な局面で、攻撃の姿勢を示すことは非常に大切だと思います。こういう緊迫した場面でも動けるか、動けないかで、勝者と敗者の差が出てくるのではないでしょうか。

スポーツの面白さは、相手と「読み」合う中でのプレーが成功することだと思います。「読み」合う中でのプレーは、偶然のプレーではありません。そういった「読み」の面白さを選手たちには伝えていきたいですし、「読み」のできる選手に育てていきたいと思っています。相手の特徴を発見すること、そして、その中でも相手の弱い部分（得意の反対）を見極め、そこを中心に攻めていき、崩していくわけです。技術力があっても、この読みができなければ、試合に勝つことはできないでしょう。

私は、勝負事で最後にくるのは「いかに見えないものを見極めてプレーをさせるかどうか」だと思っています。相手の技術や特徴は見えるものですが、その状況下での心理や考えていること、起こりうるプレーは見えない部分です。最終的には、そんな場面で行うプレーが日本一になれるか、なれずに終わるかの差になってくるのではないかと考えています。

全選手が平等でチームが1つに

コートの中では学年は関係ありません。1年も2年も、3年も皆同じです。そして、レギュラーもサブメンバーも平等です。できる限り全体に目を配り、全体指導を心掛けます。特にレギュラーは試合のたびに変わっていくこともあります。監督時代、レギュラーだけではなく、すべての選手がいい結果に終わるような配慮をしてきたつもりです。個人戦の大会などでは、何ペアも同時に試合に入ることがあります。そういったときは、レギュラー、サブメンバーの関係なく、負けそうなペアのベンチに入るようにしていました。

また、コート整備や部内の仕事などで、上級生、下級生の隔たりを意識させないようにしてきました。上に立つ選手ほど、気遣いができるように教育してきたと思います。誰もが平等という指導者の姿勢や考えは、チームを1つにする大きな要因になるのではないかと思い、その点は特に心を砕いた点です。

選手たちとの距離感は、テニスコートの中ではある程度保っていましたが、テニスコート外では話しやすい雰囲気をつくっていました。大会や練習試合など遠征時に、選手を車に乗せて移動する際などは、私が運転する隣にキャプテンを座らせ、よく話をしました。また、フォークソングなども好きだったので、車の中で曲を流したり、選手たちと歌を歌い合ったり……。生徒たちと話をすることで、新しい発想を得ることも多々あり、コミュニケーションをとることは有意義だと痛感した次第です。

第4章

1つ1つの経験を積み重ね、指導の幅を広げる

指導者人生を支え、鍛えてくれた数々の出会い

常勝チームを率いる指導者として、心掛けていることの1つが、中学校で日本一になっている選手が入学したら、必ず高校でも日本一にしなくてはならないということです。高田商業へ入学して勝てなかった、とは絶対に言わせないという思いは強く持っていました。

だからこそ、そんな選手に対しては、1回の優勝ではなく、複数回の優勝を目指すことが目標になっていきます。優勝回数は、東司選手が3年間で7回、次いで村中弘明選手が6回、宮下裕司選手は5回、それぞれ日本一になってくれました。ほかにも、高校時代に全日本選手権8強入りした的場/宮下、城戸/八幡がいます。選手たちの奮闘により、高田商業の強豪としての戦績が引き継がれていっています。

彼ら選手との出会いは、私の指導者人生を支える出会いとなりました。指導者自身の転機となる選手との出会いは必ず訪れるものです。指導者としての自信を持たせて

くれる選手との出会いや指導のヒントを与えてくれる選手との出会い、可能性を信じさせてくれる選手との出会いなどそんな出会いがあるからこそ、指導者は情熱を失わず関わっていけるのです。今は思い通りにいかず、試行錯誤で悩んでいらっしゃる指導者の方も、きっとそんな出会いがあることをどうか信じてください。

また、私はほかの強豪校の監督さん方と比べ、若い年齢で高田商業の監督の座をバトンタッチしたため、監督として全国大会に臨んでいるとき、私は指導者の中では年下の方でした。日本一を狙う多くの監督さん方と接する機会も多く、そんなライバルチームの年上の先生たちからも多くを学ばせていただきました。

数々の出会いが、私の指導者人生を支え、私を鍛えてくれました。

選手から得られた数々の学び

ここから、さらに具体的に私が関わった選手たちの中で、印象深い選手とどのように関わり、何を学んだかをお話ししていきたいと思います。きっと、読者の皆さんが関わる選手の中にも同じようなキャラクターの選手がいるかと思います。私が経験したことが、それぞれの皆さんの現場でも役立てばと思い、紹介していきます。

最初に、私が指導した中でも抜群の能力を持ったネットプレーヤーの村中弘明選手についてです。彼は身体能力、技術とすばらしい能力の持ち主です。また、誰よりも気が優しい性格で、3年生でキャプテンになっても、遠征のときなどは、一番先にみんなの食事の用意をしに来るような性格でした。プレー面では、2年生の5月の遠征のときに「相手のすべてのボールを取れ」とアドバイスしたところ、本当にそういうプレーができる、逸材中の逸材でした。そして、その年の夏のインターハイでは個人優勝を達成します。

しかし、日本一になってからは、村中選手らしくなく、少し格好をつける雰囲気が出てきて様子が変わってきました。本来、そういう性格の選手ではありません。そこで私は、「インターハイで優勝して天狗になっているのか、気持ちを入れ替えてやれ」と指摘しました。この経験から、真面目な選手でも何かをきっかけに変わってしまうこともあるのだと学びました。

村中選手はキャプテンとしても皆から信頼され、周りの人々からは「村中君には勝ってほしい」と思われるような人格者でした。彼がインターハイ個人2連覇や団体・個人の2冠など数々のタイトルを獲得してくれたことで、私に指導者としての自信を与えてくれた選手でもあります。選手たちが残してくれたものは、私にとっては何物にも代えがたい財産となっています。

次は、その村中選手の同級生で、彼のペアにもなったベースラインプレーヤーの山本晃伸選手についてです。彼はとてもマイペースな選手でした。スーパースターである村中選手とペアを組むのは、とてもプレッシャーがかかります。当然、「負けたら自分のせい」だと思ってしまいます。ただ、マイペースだからこそ、山本選手が村中選手のパートナーになれると考えました。2年生の夏以降、村中選手とペアを組んでいきますが、山本選手には「村中に気を使わず、自分のやりたいテニスをしろ」と話しました。一般的に、ペアに力がある場合は、自分はミスしてはいけない、ペアに頼ろうとしがちですが、山本選手は平気で自分から攻めにいってミスをし、村中選手に気を使いすぎることがありませんでした。迎えた3年生夏の最後のインターハイ、村中選手は個人戦2連覇がかかり、3回戦ではマッチポイントを奪われる窮地に陥り、ほとんど力が出せない状態でした。しかし、ここで山本選手が、相手のマッチポイントを逃れるショットを放つのです。そういった苦戦も乗り越え、山本／村中が個人戦を制し、村中選手は2連覇達成となりました。

私はそのとき、「村中が5割の力も出ていない中で優勝できたのは、お前のおかげだ」と山本選手を讃えました。ペアで実力差があるとき、相手に揺さぶられることなく、貫くマイペースさというものが、ペアリングに大きな影響を与えるということを、このペアから改めて教えてもらった気がします。

選手が大人と自然に会話ができることの大切さを痛感したのは、渡海聡選手のおかげでした。とにかく生意気でした（笑）。インターハイ個人戦3位の結果を受けて、1年生ながら同大会の国体戦メンバーに入れました。その3位入賞というのも、相手のボディーなどを目がけて打つアタックだけで勝ったような戦いぶりで、非常に度胸のある勝ちっぷりでした。そして団体戦のベンチで、初戦の先輩の試合を私の横で見ているときに、「僕の方がましなテニスをしますよ」と言ったんです。正直、1年生でもあったので、レギュラーで使うには勇気がいりましたが、「僕の方が…」と言ってきた本人の言葉の勇気に決断しました。初戦後は常に第1試合に出て、決勝まで全勝で優勝に貢献する活躍を見せてくれました。

大人に対しても思っていることを言えるずうずうしさと素直さ。彼のこの性格は、試合の中で非常に役に立ちます。彼は、大人と会話することで大人の考え方を知ります。そういう過程が試合の中で相手の心理を読むことに通じていきます。そのため、おのずと渡海選手は駆け引きに長けていったのでしょう。

次はネットプレーヤーの渡邊彦継選手についてですが、2年生のときは先輩とのペアでしたが、先輩のベースラインプレーヤーがつなぐテニスで、自分でポイントする力があまりない選手でした。ただ、逆にそれが渡邊選手のポイント力アップにつながるのです。渡邊選手がメキメキと頭角を現してくると、1学年下の東司選手が渡邊選手を気にし出しました。東選手は、渡邊選手と組みたいという思いがあったのでしょう。東選手は、私が指導してきたベースラインプレーヤーの中でもピカ一の能力を持つ、素晴らしい選手でした。私は渡邊選手に、「東がお前を気にしてテニスしているよ。

うまくなったな」と話しました。その後、渡邊選手は3年の春から東選手とのペアとなり、インターハイ団体・個人2冠や公式戦、練習試合を含め196連勝という偉業を築いていきます。よく「ネットプレーヤーを育てたいならば、ボールをつなげ」と言いますが、まさにその言葉どおり、渡邊選手はそういう状況下の中で、「勝つために自分でポイントする力をグンと伸ばしていったのです。

ちなみに、ポイント力の高い渡邊選手ですが、3年になる直前の高校選抜（インドア）では、やはり粘ってつなげるタイプの青木将法選手と組んで、決勝の3番勝負を戦います。そのとき、私はゲーム途中から「スマッシュをしにいくな」と指示しました。インドア大会はロビングを駆使し、相手陣形を崩し、スマッシュをたたいてポイントを取る展開が多いのですが、この試合の途中から、私はあえて渡邊選手に「スマッシュをしにいくな」と指示したのです。もちろん、渡邊選手はスマッシュをたたく力はあるのですが、相手のテニスを見て、「スマッシュを追っても得にならない、逆にたたきにいくことで損をする」と考え、そういった指示を出しました。渡邊選手のようなスマッシュ力のある選手に対してでも、状況を見て、「何が得で、何が損か」

という考え方を基に、私は指示を出していったのです。

そして、この渡邊選手と同級生だった青木選手はとにかく真面目な性格でした。渡邊選手をはじめ、レギュラーのネットプレーヤー3選手は実力もあり、粒ぞろい。ベースラインプレーヤーは青木選手のほか1学年下の東選手、石川洋平選手と次代の2本柱がいました。その個性的なチームを束ねるキャプテンが青木選手で、彼が2年生で代交代のときに、「このチームをまとめられるのはお前だけだから」と彼に託したのです。青木選手は、中学時代はネットプレーヤーで、高校に入ってベースラインプレーヤーになり、まじめに練習を積み重ね、レギュラーになりました。このとき、私は全選手に「懸命に、謙虚に、研究心を持って取り組め」「献身的にやろう」と話し、それを率先して体現してくれたのが青木選手でした。選手たちに伝えたいことを一番体現できる選手がキャプテンでいてくれたことは、チームにとって、非常に大きかったと思います。今、銀行の人事の仕事をしているという彼は、社会人になっても、2年生のときのこの私の言葉を支えにしていると言ってくれました。

渡邊選手の話の中にも出てきた東選手は、ジュニア時代からその資質を高く買われていました。実際に指導することになると、改めて彼の能力の高さに驚かされました。どんなプレーでもできるのです。さらに、何か技術的なことを教えると、それをマスターする早さは群を抜いていました。東選手の技術力の高さを確信したのは、中学生から一般選手までが一堂に会する全日本選手権で、コート外に出された体勢から相手コート内にカーブをつけて入れる、ソフトテニスでは「ポール回し」と言われる難しいショットをバックハンドでやってのけた姿を見たときです。このポール回しをフォアハンドで打つ上級者はいますが、それをバックハンドで行う選手は見たことがありません。高校生でもこれほどレベルの高いプレーができることを証明してくれた選手でした。打球時の姿勢がよく、調子がいいときは完ぺきなテニスを見せていました。本当に素晴らしい能力を持ち合わせていた東選手でしたが、ただ1つの欠点は根気が足りないところでした。しかし、欠点を補いつつも頑張ってくれ、その後、選手たちの指針となる存在になったのです。

その一方で、中学からソフトテニスを始め、入学当時は練習にもなかなかついてこれずに、すぐやめてしまうのではないかと思われた選手もいました。それが五味功一選手です。母親が全日本選手権で優勝したこともある選手で、「2年生までに〜」「3年生までに〜」というように段階的に、明確な目標を立てるよう、母親がアドバイスしてくれたそうです。同学年には2年時にインターハイ個人2位に入った長濱（ペアは3年の奥田）、當目／橋本（3年時インターハイ個人優勝）、ほかにも力のある選手が多くいる中、1年生のときには差がありましたが、成長の度合いが大きく、ゲームカウント0－4で負けていた選手に、2－4、3－4での負けと徐々に差を縮めていきます。3年生の頃にはレギュラーと対等に試合ができるようになり、そして、高校最後の3年の秋の国体ではレギュラーとして出場し、全勝でチームの優勝に貢献してくれました。本当に、彼のように目標を1つ1つクリアして、レギュラーにまで上り詰めてきた選手の存在は、私にとっても、その後の後輩たちにとっても希望になります。その成長の過程をそばで見守ることができたことは、監督としては忘れられない経験でした。

そのほか、宮下裕司選手というとても負けん気の強い選手もいました。的場彰選手と組んで、ダブル後衛（並行陣）の陣形で臨み、2人ならではのダブル後衛を築いていきました。しかし、宮下選手は気が強い分、試合の中でいろいろと冒険しがちで、無理に攻めていくこともありました。そういうときは、「無理に攻めるな」「焦るな」と指摘し、冷静な試合運びをするようコントロールすることが必要になります。性格が正反対な的場選手とのペアの組み合わせも良く、うまくかみ合い、高校生のみならず、全日本選手権などで一般選手とも渡り合いました（全日本選手権8強）。選手の性格とそのテニスの傾向を把握し、試合で持ち味を生かしながらコントロールしていくことも監督の大事な仕事です。

次は、仙福剛愁／越智大輔にまつわるエピソードです。彼らは、インターハイの個人戦で早いラウンドで負けてしまいました。2年生ではありますが、上位を目指す力があっただけに、ペアとしては非常にショックを受けているのではないかと思い、翌日から始まる団体戦でのプレーに影響がないかと心配していました。あとになって聞いたところ、2人とも調子が悪いわけではなかったが個人戦でいいテニスができなかったと話していました。その分、団体戦が楽しみだったと前向きな気持ちだったそうです。

そして、その仙福／越智ペアは、団体戦決勝の3番勝負で、ゲームカウント0－3（高校生はだいたい7ゲームマッチで4ゲームを先に取ったペアが勝ちとなります）で負けている状況でベンチに戻ってきました。相手は、直前の練習試合で仙福／越智ペアに敗れています。そこで、私は「相手はインターハイ直前の練習試合で、この状況からお前たちに負けた記憶が必ず頭のどこかに残っている。だから、試合展開を変え、1ゲームだけ何とか取れば必ず挽回できる」と伝えました。彼らは見事に挽回し、チームを日本一へと導きました。直前の試合での負けた記憶は必ず残り、それがプレーに影響してくることがあるという私自身の考えを仙福／越智ペアが証明してくれたのです。

また、現・高田商業監督の越智敏晃監督が選手時代のことも忘れられません。2年生のインターハイ個人戦初戦で、ゲームカウント0－3でベンチに戻って来ました。このとき、不適切な言動かもしれませんが、私は「つまらん試合するぐらいなら、早く負けてこい」と突き放しました。越智監督は選手時代から素直で真面目で、こちらの指示に忠実に実行する選手でしたので、挽回して勝ちましたが、私は力を発揮できずにゲームカウント0－3でベンチに戻ってくる選手たちには、たまにこのフレーズを使います。高田商業らしさを発揮せずにゲームを終えることはあってはなりません。厳しい言い方にはなりますが、選手には突き放す言い方をすることで、いつも通りのプレーをすることの大切さを思い出させるのです。

そして、前述した村中選手の弟、村中敏高選手のこともお話したいと思います。村中敏高選手は、全国中学校選手権3位という戦績を持って、高田商業に入学してきました。私自身、「成長」とは自分と他人との比較から何を感じ、どうしていくべきかだと考えています。彼は2年時には団体メンバーとしてインターハイ優勝を果たし、3年時には大将前衛として期待し、ことあるごとに私は、兄と比較する話を口にしていたと思います。しかし、本人は口には出しませんでしたが、兄と比較されることが嫌だったのかもしれません。3年時のインターハイ個人戦での負けを引きずって団体戦では弱気になり、自らメンバー入りを拒否しました。もっと本人のいいところを評価して、彼と関わっていれば違った結果になったかもしれないと反省することもあります。

選手たちの気持ちを高めるのは簡単ではありません。どのような言動がいいのか。各選手、各代のチーム、それぞれの特徴もあり、それを見極め、判断していかなければなりません。私が監督として臨んだ最後のインターハイでは、選手たちに「いつ監督を辞めることを言おうか」と考えていました。結局、私はインターハイ最後の団体戦前夜のミーティング、監督として明日が最後というタイミングで選手たちに「明日の団体戦で、監督としてベンチに入るのは最後となる」と伝えました。その瞬間、泣き出す選手もいました。監督として、「どうやったら選手たちの気持ちを高められるか」「いくぞ！　という気持ちに持っていけるか」そういったことは常々考えていました。監督として最後のとき、選手の感情を利用して、選手の感情に訴えて、無事、団体日本一を勝ち取ることができました。

指導者の先輩や仲間との出会い

数多くの選手との出会いはもちろんのこと、指導者としての先輩や仲間との出会いもまた、私に多くの学びを与えてくれました。

　ここまでの話の中でも何度も取り上げた杉山先生は、高田商業の初代監督でもある楠先生が師匠と仰ぐ指導者です。私の母校、天理大学の大先輩にあたる方でもあります。大阪明星高校で監督をされて、インターハイ団体4連覇の偉業を残されています。ご自身は、もともとテニスを専門でやってこられたのではなく、野球出身の先生です。私が高田商業で監督を引き継ぐ頃は、すでに監督を退かれていましたが、私が天理大学でテニスをしていたことで、大学卒業時には杉山先生の自宅に招待され、卒業後の話などもしたように記憶しています。今でもなぜ、私のことを気にかけてくださったのかはわかりません。そして、大学を卒業して数年後に、高田商業で楠先生の後継ぎになることとなり、それからも杉山先生にはテニスを通して指導者として、さまざまなアドバイスをいただいています。お話好きで、話される内容も教訓になることが多かったです。また、大阪の明星高校の教員であったにも関わらず、高田商業のことを常に気にかけ、応援してくださいました。

　杉山先生に続き、大きな影響を与えてくれたのは、やはり高田商業初代監督、楠先生です。ソフトテニス界で、指導者としてその熱意や知識、指導力など楠先生の右に出る指導者はいないと今も思っています。1970年のインターハイ団体で、楠先生が師匠と仰ぐ杉山先生率いる明星高校の5連覇を阻止し、初優勝をされました。昭和の後半に、カットサービスなどチームの武器を前面に出した東京・巣鴨商業の地脇猛夫先生（全国優勝も数回されている）という指導者の方がいらっしゃいました。2人を比較して「知将地脇・闘将楠」と例えられたことに対し、楠先生がとても怒っていらっしゃったことが印象に残っています。楠先生はテニスに関しての知識や相手を見る目、戦法に秀でた方で、そのような安易な例えが許せなかったのだと思います。楠先生と一緒に指導していく上では、やはり、プレッシャーはありました。今、振り返ると、私が指導者として成長し、さまざまなことを学べたのも、多くが楠先生のお陰だと思います。ソフトテニス愛や高田商業愛が本当に強い先生でした。今もソフトテニスを通じてお付き合いさせてもらっています。

杉山先生、楠先生との出会いや教えから、私が指導者として高田商業の伝統を守り、引き継ぎ、発展させていく大きな支えを得たことは間違いないです。

そのほかにも、私より4～5年先に高田商業へ赴任されていた女子の監督、新子雅央先生は、楠先生とはタイプの違う指導者でいらっしゃいました。地元、奈良国体に向けて女子を指導され、見事優勝に導いていらっしゃいます。それが、国体での単独校でのアベック初優勝にあたります。当時の高田商業では、コートに早く行った指導者が男女一緒に同じ練習をさせ、主に新子先生が女子を、楠先生と私が男子を見ていました。男子の監督は私が引き継ぎましたが、その後何年間かはそういった形で男女隔たりなく指導するスタイルでした。新子先生は女子の監督ではありましたが、男子に対してもアドバイスや厳しい指導をしてくださり、私としては助けてもらう部分もたくさんありました。個性的で、指導力に定評のある先生でした。同じ時期、共に指導者として戦った先輩です。

そのほか、高田商業で講師として来てくださり、ソフトテニス部の指導に携わってくださった先生方もいらっしゃいます。上宮高校監督で全国優勝し、日本代表選手を育てていらっしゃる小牧幸二先生や宮崎県の高校で指導されている卒業生でもある渡邊彦継先生、同じく卒業生であり、現在、岡崎城西高校監督として全国大会上位入賞を果たしている牧知秀先生らとも、共に指導をしてきました。高田商業から別の学校に赴任されても、情熱を持って、今も指導にあたっていらっしゃる姿は刺激になっています。

私は、楠先生が40代の頃に監督を引き継いだため、当時、指導者仲間となる先生方よりも若く、10歳以上も年上の他校の先輩指導者の皆さんからもかわいがっていただきました。青森の八戸工業大学第一高校前監督の難波俊之先生、島原商業・琴海高校前監督の手島昇先生など、熱い情熱を持って指導に携わってこられた先輩指導者の姿から多くの刺激をいただき、学びを得ることができました。難波先生も手島先生もご自身でマイクロバスを運転し、全国を回って遠征をされてこられた指導者で、あふれ出る情熱、エネルギーを私に見せてくださいました。実力の高い選手ばかりが入学してきたわけではなくとも、選手を鍛え、強くし、全国大会への出場を果たされていました。そのほか当時、全国大会で競い合った指導者として、三重・三重高校の垂髪隆一先生（1992年に神崎公宏先生に引き継ぐ）、広島・山陽高校の大石昌之先生、宮崎商業の原田誠一郎先生、大阪・上宮の南部法正先生、香川・香川西の北井秀忠先生、愛知・大同高校の亀田鐘一先生ら、多くの先輩指導者の皆さんがいました。同学年に近い指導者としては、岡山理科大附の大橋元司先生ぐらいだったと思います。そういった方々が、指導者仲間として、交流してくださったことに感謝しています。皆さん、さまざまなバックグラウンドを持ち、試行錯誤しながらも、いつも熱い情熱を持って選手たちに対していました。そういう仲間がいたことが私の幸せでもありました。

また、私よりも年下の指導者ではありましたが、三重高前監督の神崎公宏先生との出会いも大きかったです。よく「名選手、必ずしも名監督ならず」と言われますが、それを覆す活躍をされたのが神崎先生でした。神崎先生は学生時代から全国トップレベルの実力があり、日本代表選手としても活躍した、日本ソフトテニス界のレジェンド選手でもありました。そして、彼は監督となってからも、監督1年目で全国優勝を果たしています。その後も、選手たちを何度も日本一に導き、日本代表選手も何人も育てています。私の高田商業時代、全国大会の決勝では11回対戦しています（うちインターハイ決勝では7回対戦）。勝敗は、高田商業の7勝4敗でした。全国大会決勝で顔を合わす機会がもっとも多かったのが、神崎先生率いる三重高でした。名勝負といっていただける対決を何度もしてきた最大のライバル校でした。そして、私が監督として最後の試合の相手も、神崎先生率いる三重県だったのです。

私の監督人生の終盤には、高田商業で楠先生時代の選手でもあった、香川の尽誠学園高校前監督の塩田孝一先生や、宮城・東北高校総監督の中津川澄男先生らも全国大会で頑張っていました。特に塩田先生は、当時の香川県では香川西高が強く、県内で優勝して全国大会に出場することが大変難しい状況でした。そんな中、全国大会に出場するために情熱を注ぎ、努力を積み上げてこられた姿もまた、私に力を与えてくれました。塩田先生が初めて全国優勝をされた際、コートにひざまずいて泣いていた姿は印象的でした。

そのほか多くの指導者仲間の皆さんの存在があったからこそ、私も情熱を絶やさずに頑張ってくることができたのです。常勝を掲げるチームの重圧を受け止めながら、指導者仲間の存在が支えとなり、私も指導の場で踏ん張り続けられたのだと感じます。

さまざまなものとの出合い

私にとっての出合いは、人との出会いだけではなく、ほかにもたくさんのことどとの出合いがあります。例えば、「硬式テニスのステップからの動き」です。フットワークがいまひとつの選手に対し、硬式テニスのステップを参考にして取り入れました。動き始めに、サイドステップを入れてからフットワークをしていきます。そうした、予備動作や予測動作を入れることで、各段にフットワークが良くなりました。私自身、硬式テニスのステップとの出合いは、指導者として大きいものでした。ソフトテニスはダブルスが主流でしたが、現在はシングルスの大会も多くなってきました。シングルスでは1人でコート全面をカバーしなければいけないので、シングルスの実力を高めるためにはフットワークの技術は必須です。そのような中、硬式テニスのテクニックをソフトテニスに取り入れることに多くの学校が取り組んでいます。

ちなみに、サービスでも硬式テニスのテクニックを取り入れている、女子の和歌山信愛高校のように、トスをあまり高く上げず、「1・2」のタイミングでサービスを打つ、確率を上げる打ち方を取り入れている学校もあります。一方で、高田商業はサービスのトスが非常に高いのが特徴です。「1・2・3」のタイミングで打っていきます。これには、レシーブ側が「1・2・3」のタイミングでサービスを打たれる方が、リズムを合わしにくいということもあり、高田商業ではトスの高い、サービスを打つように指導しているのです。

そのほか、野球の書籍「イチロー流　準備の極意」からも学びました。これも私にとっての大事な出合いとなりました。準備にどれだけ時間をかけたか、本番に何があっても対応できるか、大会本番に向けて相手のテニスに対しての対策、準備不足から生じる負の要素の排除など、あとで後悔しないためにとても重要なことを学びました。インターハイの時期というのは、毎年、定期考査が終わり、近畿大会までは基本練習を多くし、近畿大会からインターハイまではゲームを中心に取り組んでいきます。非常にタイトなスケジュールです。そんな中で、ピークをインターハイに合わせるため、インターハイ10日前からの練習、気持ちの持っていき方、試合で戦う上での選手たちに話しておくべきことなど……やるべきことをもれなくやっておかなければいけません。

それはプレーでも例えられます。自分の打球後、そのボールを一瞬見てしまうことで、次のボールへの対応が遅れます。相手からのボールに対しての対応が遅れることで、待球姿勢がきちんととれず、ミスが生じやすくなります。ですから、打球後は次のボールへの対応をすることを、まずは意識しなければなりません。「準備＝予想」だと私は考えます。予想することは想像することでもあります。次に起こりうることを想像できなければ、ベストな体勢がとれずに、ミスにつながってしまいます。

この準備力は、テニス以外でも学校の仕事など、ほかの面でも役立ちました。毎年全国から百校あまりの高校を招いた研修大会（明日香大会）などを高田商業が開催するため、運営側としての仕事をすることがあります。その中で、私はさまざまなことを想定して、準備してきました。そうすることで想定外のことが起きても、ある程度の準備をしていたことで大きく崩れることなく大会運営をし続けられました。今も、後進の先生方に準備の大切さを引き継いで、大会運営をしてもらっています。

そのほか、高田商業の女子選手との出会いからの学びもありました。当時、竹内／斎藤というインターハイで優勝したペアがいました。インターハイの前哨戦といえるハイスクールジャパンカップという全国大会（個人）に、男子選手とともに引率していきました。女子も同じコートで練習はしているのですが、正直なところ、竹内／斎藤の試合はほとんど見たことはありませんでした。しかし、そのとき私は「この子たちならできるだろう」と、彼女らが普段はやっていないプレーを要求してしまったのです。その結果、能力のあるペアを予選で敗退させてしまいました。この経験は、私にとっても非常にショックな出来事でした。「余計なことを言ってしまった」と反省し、「試合では、普段やっていることしか出せない」ということを改めて思い知らされました。

また、そのほかにも私が男子の監督を退き、校長など学校業務に専念している頃に入学してきた女子の木原／木原という双子ペアのことも印象に残っています。全国小学校大会、全国中学校大会で優勝するようなペアでした。ただ、高田商業に入学してきて、近畿大会や全国大会では満足のいく結果が残せていませんでした。彼女たちをジュニア時代から知る人の中には、「高田商業に入って下手になった」と言われた方もいらっしゃいました。この言葉に火がついたというか、「このまま、この子たちを卒業させるわけにはいかない」と思い、私は彼女たちが2年の秋から、何年かぶりにコートで指導するようになりました。現状を見ると、高校で全国大会で優勝するためには、ネットプレーヤーの方は「ディフェンスができない」「いくべきところで動けない」、ベースラインプレーヤーは「フットワークが悪い」などと感じました。しかし、彼女らに対し、現場の指導者が遠慮して助言をしづらかったようです。現場の指導者の気持ちもわかります。小学校、中学校で全国制覇をしている選手に、指導者が遠慮してしまう面もあるからです。ただ、それでも「高田商業に来て、勝てなくなった」というのは、高田商業の指導者の責任です。再び全国大会で優勝を狙える選手にさせるためベースラインプレーヤーには、サービスの質を上げる工夫や、レシーブ力、フットワークの強化、ロビングからの配球などのアドバイスをし、ネットプレーヤーには基本のサービス&レシーブ、スマッシュ、そしてディフェンス面（特にバックボレー）の強化をしていきました。この双子ペアとの出会いで、なぜ勝てないのか、そこ

著者は多くの出会いによって、指導者としてより大きな経験を積み重ねた。
全国で優勝を狙える子どもたちの成長は、著者の日々の準備の積み重ねだ
(写真は団体優勝を飾った2003年長崎ゆめ総体)

を本人たちに気づかせ、そして日本一になるという気持ちにさせることの重要さを改めて知りました。

こうした人との出会い、さまざまなものとの出合いが、私に多くの経験を与えてくれ、その1つ1つにより指導の幅が広がっていったと思っています。

第5章

指導者の資質、指導者の進むべき方向性とは①

まねを発展させ、ステップアップを果たす

競技力向上は、まねることから始まると考えています。上手な選手のまねをすることが、上達への近道です。早く上達する選手は、コートの外でプレーをしている選手をよく観察しています。上手な選手を見て、自分と何が違うのか、どのようにプレーしているのか、自分はできるのだろうかと考え、目から入る情報を自分も試してみようとすることが大事なのです。

95年に入学してきた東選手と石川選手は、特徴は異なるものの、2人とも実力のあるベースラインプレーヤーでした。切磋琢磨し、2年でインターハイ団体優勝（東は同大会個人戦も優勝、ペアは渡邊）を果たしました。3年生になると、2人を共に生かすために攻撃的なダブル後衛としてハイスクールジャパンカップに出場し、優勝しました（即席ペアとして組み、ほとんどダブル後衛としての練習もしていませんでした）。また、インターハイ団体では前年に引き続いての優勝を飾っています。

その東と石川ですが、石川のサービス力が向上したのは、サービスエースを奪えるほどのサービス力に定評のある、東のサービスのまねをしたからです。ただ、まねるだけではまねする相手を越えることはできません。石川には、まねをする中で、それをいかに発展させていくかといった工夫があり、自分なりの素晴らしいサービス力を身につけ、さらなるステップアップを果たしました。

また、私のあとを引き継いでくれた紙森先生は、高校1年生の秋頃から2年生の春までの約半年間、腰痛で練習ができませんでした。授業も教室の後ろのロッカーの上に教科書とノートを置いて、立ったまま授業を受けていました。当然テニスコートへ出てきても見学しながらスコアづけをする程度だったと思います。春になり新入生に和歌山から渡海選手（現和歌山北高校監督）が入ってきました。入学当初から活躍が期待されていた生徒で、上級生の紙森選手とペアを組ませることにしたのです。紙森選手は、まったく練習をしてなかったのに、私はそのプレーを見て驚きました。「半年ほどまったく練習をやってなかったのに上手になっているやないか」と言ったのを、今もはっきり覚えています。私は、「1学年上の村中（インターハイ個人2連覇）のプレーをずっと見ていたからだろうな」と思いました。村中選手のプレーをよく観察し、頭の中でその動きをまねていたのでしょう。

いずれにしても、観察力を持って「いい」と思うものをしっかり見極め、まねから入ることが手っ取り早い上達法です。これは選手だけではなく、指導者にもいえることだと、私は思っています。「いい」と思うことはどんどん取り入れた方がいいと思います。そこに指導者としての我（が）は必要ないと思っています。

「準備力」の大切さを知らなければならない

私はいかに万全な準備の中で、本番を迎えられるか、という点をとても大切にしてきました。野球の書籍「イチロー流　準備の極意」から学んだ話をしましたが、準備力はとても大切であると思います。照準を合わせていた大会などでも、本番では何が起こるかわかりません。しかし、ある程度想定し、準備していれば対応はできるはずです。これはテニス以外のことでも、スポーツ以外のことでもいえると思います。

以下に具体的な項目を挙げると、

①勝負となる対戦チームに対する対策

②苦手プレーの向上

③練習の意図

④夏場を乗り切る体力（1日の試合数を踏まえて）

⑤気持ちの持っていき方（挑戦者であることを、常に強調）

といったことなどを、毎年、それぞれの選手たちに合わせて、準備してきました。もちろん準備が思い通りに進まないこともあります。しかし、できる限りの準備が本番で生きてくること、それも経験しています。試合を終えて、もっとこういうことをやっておけば良かったとか、伝えるべき情報をしっかり伝えておけば良かったとか思うことがあります。負けるときはやはり何か足らないものがあったんだろうと思っています。

準備とは、試合に臨む心構えとしてもそうですが、1つのプレーの中でも大事な要素になります。待球体勢の準備が整わないで、飛んできたボールを打とうとするとミスにつながります。素早く準備をし、次のボールに備えることが、ミスなく、精度の高いボールを打つ秘訣でもあります。どんな競技であっても、安定したプレーを導くのは、どういう準備をしたかに関係しているといえるのです。

「判断力」を身につけ、「決断」を手助けする

ワンプレーの中では、「判断→決断→行動」が繰り返されます。もっとも大事なのは「判断」を間違えていないかどうかです。間違えた判断でもポイントになることもありますし、逆に、正しい判断でもポイントにならないこともあります。しかし、練習の中では結果がどうであろうと、「判断」を間違えたまま練習をしても、それは試合では役に立ちません。「判断」を間違えていたのなら、指導者はそれを指摘しなければなりませんし、そこは厳しく接します。そうしないと選手に判断力は身につきません。本番は結果オーライということもありますが……。

ミスというのは、大抵は「決断」できない状況の中でプレーをしてしまうか、準備

ができていないことから生じることが多いです。私は、選手に指示を与えることは、選手の「決断」の手助けをしていると考えています。本来は、自分で考え、決断していくことで経験し、決断力がついていくのだと思います。ポイントするための引き出しの多さは、自分の発想でプレーし、うまくいって味をしめてこそ、記憶としてプレーの幅が広がっていくものだからです。

ただ、試合には流れがあり、その流れを的確に高校生が読むことに難しさがあるのも事実です。だからこそ、選手が「決断」する際のヒントになるためのアドバイスが生きてくるのだと思います。

「守・破・離」という言葉があります。ここに、今回の決断力について当てはめてみると、選手の成長過程では指導者のアドバイスをしっかり「守る」時期、それを経て、教えられたものだけではなく、自分で感じて決断する、指導者からの殻を「破る」時期、最終的には指導者から「離」れて、自分自身の判断で決断し行動していかなければいけません。こういった過程を経て、選手が成長していけるように指導しています。高校時代というのは「守」から「破」にいくかいかないかの期間であると思っています。

指導者にとって重要な「観察力」

指導者の能力のうち「観察力」も重要です。観察するものは自分の選手や相手選手の心技体、ゲームの流れ、環境、チームの雰囲気……、と多岐にわたります。

その中で、特に選手に向ける目として、①打点、②スタンス、③体重移動、④準備、⑤ボールを引きつけて打っているか、⑥力みがないか、⑦判断や決断、⑧緊張や不安を感じているかどうかなどがあります。選手がプレーする中で観察しておかなければならない点です。

このうち1つでも、いいときと異なる動きをしていたら、失点につながる要因となります。

日頃から、1人1人の選手を見て、観察していく力を、指導者は磨いていかなければなりません。今持っている力で勝つためにどうするかを考えたとき、選手の力量や心境が把握できていなければ解決策を考えることもできません。

シンプルな判断が勝利への近道

どのような競技でも、戦術や戦略を駆使して戦います。その中で、ラリーゲームのソフトテニスで勝利するためには、シンプルに判断することが非常に大切だと考えています。初代監督の楠先生も、「複雑ではなく、簡単に考える」ことが、勝利への近道であるとよく話をされていました。つまり、テニスに関して、簡単に考えるようにすることで、迷わないプレーができるということです。これは、他競技にも通じることかもしれません。選手が迷うときというのは、その場面でもっとも効果的なものを、さまざまな戦術の中から的確に判断できないときだと思います。言い換えると複雑に考えすぎて、最適な一手を見極められない状況です。こうしたとき、指導者が絡まった糸をシンプルに、簡単に解きほぐすコツを選手たちに声掛けできたとしたら、選手たちは迷わず、その場面に最適な戦術で戦えるのではないでしょうか。

具体的に、ソフトテニスという競技を考えたときに、以下のような特徴があります。

私は、それらの特徴を踏まえて、選手たちがシンプルに簡単に考え、その場面での効果的なプレーを導き出せるよう声掛けすることなどでサポートしています。

①ソフトテニスのポイントの取り合いは、その多くが互いに2本ずつプレーをしたら1回のプレーが終わる競技である＝ラリーが約2往復

②ベースラインプレーヤーが打つボールは、相手のベースラインプレーヤーの方向へ返球される傾向がある

③基本的に、相手コートの広いスペースへボールを返球する競技である

④ネットプレーヤーに対しては、ネットプレーヤーのいない場所、動いていなくなる場所へ打つ

⑤2本単位でプレーをする（1人がクロス、逆クロスと2カ所でサービスを打ってから交代など、配球の基本）

⑥ネットプレーヤーが相手のボールを狙う際、もっとも確率が高いのは相手が打つ1本目である

一方で、競技者のプレー傾向にも必ず特徴があります。

①ストロークでは、一般的にフォアハンドストロークよりバックハンドストロークの方が苦手である
②ベースラインプレーヤーの大半は引っ張るボールを得意としている
③ネットプレーヤーの大半はフォアハンドボレーが好きである
④ネットプレーヤーは、どちらかと言えばオフェンスよりディフェンスの方が苦手である

以上のことは、指導者や選手が知識として持つべきことです。これを知ることにより、練習で身につけるべき技術を知り、試合において戦法や自分がすべきプレーを決める基本ができると思います。

また、相手を認めないという考え方を持つよう、選手たちには話しています。いくら上手な選手であっても弱点はあるものです。それを発見し、選手に伝えることで、選手が迷わず、勇気あるプレーで、相手に向かっていくことができます。このように、その競技の特徴や一般的な選手のプレー傾向（セオリー）を理解することで、戦い方をシンプルに考え、迷いのないプレーにつなげることが勝利を呼び込むカギといえる

のではないでしょうか。

相手の弱点を素早く見つける

ラリーゲームの競技では、いかに自身がミスをせず、相手にミスをさせることができるかが大切です。相手の弱点を攻め、ミスを誘うわけです。しかし、いつも相手は同じではなく、あまり対戦しない相手や初めて対戦する相手もいます。試合中、選手自身が相手の弱点を素早く見つけ、その弱点を攻めていくことが一番良いわけですが、中高生では対戦している中で、相手の弱点を見つけ出すことはなかなか難しいのが実情ではないかと思います。そのときに指導者が、いち早く相手の弱点を見極め、選手たちにアドバイスできるかどうかで勝敗は大きく左右されます。

では、指導者は、どうやって相手の弱点を素早く見つけているのでしょうか――。私が相手の弱点を見つけようとする場合は、選手にラリー中に仕掛けさせ、その対応の仕方を見て、相手の弱点を露呈させていきます。

具体的に、ソフトテニスでは、以下のような仕掛けがあります。他競技にも共通する部分もあるかもしれないので、例を挙げておきます。

①ベースラインプレーヤーに対してバックハンド側への攻撃
②コート前方に詰めてくるネットプレーヤーに対しての攻撃
③ネットプレーヤーへのアタックやサイドへの攻撃
④ネットプレーヤーのレシーブをポーチしにいく
⑤レシーブ後の相手が返球するボールをポーチボレーする
⑥相手ベースラインプレーヤーを走らせて打たせるロビングでのコース変更
⑦相手が攻撃的に打てる緩いボールをあえて打つ
⑧サービスは基本的に相手のバック側を狙うが、あえてフォア側へ打ってみる
⑨ネットプレーヤーが立っているところへの攻撃
⑩ツイストやショートボールといった前に動かすボールを打つ
⑪相手がゲームの中でミスしたときのボールを再度打つ
⑫ネットプレーヤーへの攻めは、一本目はセンター側ではなくサイド側へ攻める

以上のようなプレーを、試合中、相手選手に意図的に「させる」のです。大事なのは「仕掛けは1回で終わらず、2回続けてさせる」ことです。1回で仕掛けを終えてしまうと、その1回は相手がたまたま上手く対応しただけなのかもしれず、2回続けることで上手か（得意か）下手か（苦手か）を判断することができます。選手というものは、一度仕掛けても逆にやられてしまうと、次はそれを避けようとしがちですが、1回目に仕掛けて失敗に終わっても、もう一度仕掛けにいくことで自分のプレーの幅も広がります。

相手に勝てないと思わせる戦い方

毎年、常勝を目標としている高田商業では、相手に「高田商業を追い込むことはできたけど、高田商業には勝ちきれない」と、相手に思わせるような戦い方をしなければいけません。では、それはどのような戦い方なのでしょうか。

1つ1つ項目を挙げ、解説します。

①基本は先手必勝

ソフトテニスは、高校生では7ゲームマッチで4ゲームを先取すれば勝ちという競技です。試合時間にすれば、早ければ15分もかからず、長くても30〜40分で終わることもあります。硬式テニスのように1試合に2時間も、3時間もかかることはなく、だからこそ、プレーボールの1本目から集中して全力でプレーし、まず1ゲーム目を先取できるテニスを展開することが望ましい競技なのです。

焦りがちな選手ならば、1ゲーム奪われただけで「負けるのでは……」と弱気になることもあります。そこで、1ゲーム目から、相手から戦意を奪うほどの勢いのある攻撃を仕掛けていくようにと、選手たちに指導しています。

②簡単に1ポイントを取られない、与えないテニスをする

当然、ゲームの中では凡ミスや焦りからのミスはありますが、要は相手に4本目（ゲームポイント）を取られなければ1ゲームを失うことはありません。そういった場面でのプレーが大事であり、勝負に強い選手になればなるほど、4本目を与えてくれないものです。「ゲームポイントは取れたが、結局、そのゲームを奪えない」と、いか

に相手に思わせるかです。選手たちにはよく「そのゲームを0－3でリードされてゲームポイントを握られていても、そこから3本追いつこうと思えば、1本どこかでいいプレーが出れば、あとの2本は相手がミスしてくれる」と話します。簡単にゲームポイントとなる1本は取られないように、与えないように、強い選手やチームというのは土壇場で粘りのあるプレーを発揮するのです。

③ファイナルゲームに強い選手を育てる

普段の練習の中で、ファイナルゲームの1ゲームマッチをさせることが多いです。1ゲームマッチで何回連続して勝てるか、負けたら交代といった練習をし、いかに凡ミスを出さずに1ゲームを戦えるか、その中でポイントを奪うプレーができるか（高田商業はファイナルに強いと言われています）。最終ゲームで、いかに勝利をつかみとるか。「ここ」という場面で、ミスすることなく、力を発揮し、ポイントを取りにいく「メンタル」と「技術」を身につけるため、繰り返し行います。

また、ルール変更により、以前のルールではファイナルゲームは4ポイント先取だったのですが、7ポイント先取となりました。7ポイントの取り合いの中での考え方

（そこまでのゲームの流れも踏まえ、やるべきことを決めた戦い方）を指示します。
④最後の1本がツーバウンドするまで決して諦めない
どんな競技でも同じように、最後の1本がツーバウンドするまで勝敗は決まらないということを、選手たちには実際に体験し、理解してほしいと考えています。その精神を持ち続けられたならば、ゲームカウント「0－3」の負けから、「1－3」の負けからなど、追い詰められた展開からでも勝利することができるようになります。

練習の成果を本番で発揮するために

本番で力を発揮するために練習があり、練習の成果を本番で発揮できるようにしなければいけません。その方針は、どの競技でも同じだと思います。「練習」と「本番」の関係性について、私は具体的に、以下のような考えを持って、選手を指導しています。これらのことを実践することで、本番で実力を発揮できないといった状況は改善できると考えます。

①練習のための練習ではない
②本番同様に、緊張感を持たせた練習をする
③練習での上げボールへの注文（生きたボールの対応）は細かくする。甘いコースやリズムが遅いなどでは効果が上がらない。上げボールが、本番同様のものにならなければ意味がない
④上げボール後の対応として、ワンバウンドで止めさせる。ボールを止められるということは試合では返せるボールだと理解する
⑤練習ではミスにこだわって取り組ませる
⑥カウントを意識させた練習をする
⑦ボールのコースや深さを指示した練習をする
⑧練習での初めのプレー（1本目のサービス、レシーブの1本目など練習メニューが変わった1本目のプレー）を意識させる。気持ちをリセットさせ、これから行うプレーについて集中する
⑨練習メニューが変わる最後の1本に集中する。レベルの低い選手ほど、ラストの掛

け声がかかったにもかかわらず、ミスしても練習を終わらせようとする
⑩本番を意識した考え方を持つ。「もし本番だったらどうだ」と聞くなどし、常に本番と同じ気持ちでプレーさせる
⑪本番で使える技術かどうかを意識する。「連続何本」「10本中何本」といった設定の練習をし、本番での精度を上げる
⑫強風や雨天時でも練習し、こういった状況の場合、どのように考えてテニスをするかなど、日頃から選手と話をする

本番で使える技術を身につける

選手には、「本番ではいい状態のときの自分が出るのではなく、自分の状態が悪いときのテニスが出るものだ」と話し、「だからこそ、悪くてもこれぐらいはできるというものを身につけよう」と理解させます。選手には当然調子がいい、悪いがあります。いいときと悪いときの差が大きい選手は、特に団体戦本番では「あてにならない」

ということになり、信頼が薄くなります。本番は、気持ちを入れすぎてしまうことや負けられないという強い思いがあり、メンタルによって結果が左右されることが多いわけです。技術的なことも含めて、うまくいかないときでも「何とかしよう、簡単には負けられない」という思いで戦うことが大事で、それは「練習でも練習試合でも妥協せずに対応する」ことにつながっていきます。

技術を身につけていく上で、「本番で使える技術は、練習で6割以上できて初めて使える技術である」とも話します。練習の中で、ミスをし出すと集中力が途ぎれて連続してミスをする選手には、「本当に試合で使える技術を身につけようとしているのか、うまくいかないときやできないことに取り組むときほど集中力が求められる」と、声掛けします。本番で力を発揮できるかどうかは、勝利に左右する大事な要素ですので、集中力などに関して選手に伝えたいときは厳しく接することが多いです。

それと、さまざまな練習でプレッシャーを感じてプレーする場面をつくることも大事です。簡単に言えば、「このコースへ3本連続で入れる」といった指示をすると、3本目はプレッシャーを感じてプレーするものです。また、その場面で行うプレーが本番に出るプレーだとも話します。これは5本連続であっても、10本連続であっても同じことがいえます。面白いことに、3本連続のプレーを5本連続のプレーに変えると、3本まではすんなりとボールは入るのですが、4本目や5本目にミスが出ます。

「練習のための練習ではない」と前述していますが、連続で入れる本数を指示したとき、選手によっては、その3本目に厳しいボールを打とうとプレーする選手と、とりあえずコートに入れておこうとプレーする選手がいます。

後者は練習のための練習をしています。終わらせることを優先し、試合で使える技術かどうかは二の次になっているのです。特に最後の1本は、「うまく打てた」「うまく打てなかった」も大事ですが、プレーボールの1本目、ゲームポイントを取ったとき、取られているとき、ここで打ち損ねたら負ける可能性が高いとき、マッチポイントを取ったとき、マッチポイントを取られているとき……、といった状況下でのプレーであると認識して行うことが大切です。

本校には、全国大会の前に多くの強豪校が来校してくれます。特に夏のインターハイ前には、炎天下の中、4~5日間、朝から夕刻まで練習試合を行います。選手たちには、「インターハイで個人戦、団体戦とも勝ち上がっていけば1日5試合することになり、本番の5試合は練習試合の10試合相当の精神力と集中力が求められると伝えます。日本一になるには、その10連勝が何日続けられるかである」と、選手らには日本一を目指す一つの目安として話をします。

前述しましたが、高田商業でインターハイ・団体個人2冠を達成した歴代ペアの中でも東／渡邊のペアは、インターハイ予選の頃から、大会や練習試合を通して196連勝していました。秋の国体合宿で一般（年上）の男子選手ペアと何回か試合をしていく中で連勝を止められたと思います。

選手起用の基本的な考え方

選手の起用も監督の重要な仕事といえるでしょう。その基本的な考え方をお話していこうと思います。夏のインターハイが終わると、同時に次年度の構想が頭の中を巡ります。

インターハイ翌日から、新メンバーでの取り組みと同時に秋の国体に向けての取り組みが始まります。インターハイメンバーの中に下級生が入っていれば、その選手たちを中心に次に使うであろうメンバーを起用するなどの構成をしていきます。一方、難しいのは、インターハイに出場したメンバーに下級生がほとんど入っていないときです。そういう場合は毎回、「どうなっていくのだろうか」という不安があります。

そのようなことをインターハイが終わった日から考え、スタートをするわけです。時間の経過とともにどう変わっていくか、それは毎回わかりません。だいたいは上から2ペアぐらいは変わりませんが、3番手、4番手はその後の大会ごとに入れ替わることが多い傾向にあります。最終的には、以下のような考え方で団体メンバーを選んでいきます。

①団体戦メンバー8人を選ぶ場合、実力の上から4ペアを選ぶ（大会直前に調子のいい4ペア）

②そのうち試合に出る6人についても、当然、実力の上から3ペアを選ぶ

③試合に出る可能性の低い4番手には3年生を入れることが多い

④団体戦の第3試合（3番勝負）に起用を考える選手が、3年生と下級生がいた場合、力が変わらなければ3年生を起用する

⑤団体メンバーに選ぶ6人ないし8人の中、チームの勝敗を握る3番勝負に起用する可能性が高い選手には、日頃から意識づけや求められる技術や精神面の話をする

⑥大将ペアには大将としての自覚を持たせる（大将は他校の大将と互角もしくは互角以上に戦えなければならない）

⑦インターハイでは、個人戦後に団体戦が行われるため、個人戦で活躍した選手を団体メンバーに入れておくことが多い（近畿大会は逆に、団体戦が先に行われる）

⑧理想としては、試合に出る6選手のうち、下級生が1ペア入っていること（次年度の大将として考えられるため）

団体戦の基本的なオーダーの組み方

オーダーについては、多くの監督が考えることに大きな違いはないと思いますが、

私は大会へ臨むまでの取り組みや結果をもとに、以下のような考え方で決めていきます。

①大将ペアが対戦校の大将ペアと対戦した場合、勝てる可能性が高いと考えたときは2番に置く。低い場合は、相手の大将ペアとの対戦を外すことを考え、1番もしくは2番に配置する。ちなみに相手のオーダーが読めないときは1番に置く

②実力が2番手の選手で、3番勝負のテニスができる選手であれば3番勝負に起用する。3番勝負は、技術的には強打だけではなく、ロビングで回したり、つなぐボールを駆使できたりしなければならない。精神的には根気強さがあり、自分にチームの勝敗がかかっても焦らずに、自分のテニスができなければならない

③実力的に3番手の選手は、気楽に思いきりよくプレーできる第1試合に起用する

④実力的に3番手の選手を3番に配置する

これらのオーダーの組み方の中には、私なりの3つの思いがあります。

1つ目は、相手の1、2番手に、こちらの1、2番手がどちらにも勝てる可能性が高いときは、3番勝負のテニスができる、できないに関係なく、こちらの3番手を3番

に置くことがあります。この選択は、監督が強気にいって負けるケースの一例でもあります。

2つ目は、1、2番手がともに相手の大将ペアに勝てる確率も高く、自分が大将であるという思いを持っている場合。ここで3番に出るということは、監督から大将として見られていないと感じてしまうこともあるでしょう。そのあたりの選手たちの気持ちを鑑みて、選手たちの意欲をそぐことのないように心掛けています。ただ、負けたとき、「あのペアを3番にしておけば勝てたかもしれない」と反省することが多いのも確かです。そのときどきの判断になりますが、いつでも正解のオーダーを組めるかというと、そうはいきません。自分のチームと相手チームの思惑もありますから、難しいところです。どんなにベテランの監督でも、オーダーの組み方では同じように悩むのではないでしょうか。

3つ目は、1、2番手と3番手に実力の差が少しある場合が多く、1、2番手を信用してないことはないが、正直なところ、3番手を第1試合、第2試合に起用すると0－2で負けるという不安が残るというケースです。この場合も、いくら経験豊かな監督であっても不安なくオーダーが組めるということはないと思います。新米監督から百戦錬磨の監督へと経験を積み上げていく中で、さまざまなことを試し、失敗し、そこから学び、引き出しを増やして選手と向き合い続けていかなければならないのです。

以上が基本的なオーダーの組み方についての考え方ですが、当然相手の戦力や相手ペアとの相性等を考えて1番、2番を入れ替えることはよくあります。極端に言えば、準決勝や決勝で勝負となる対戦相手を考えて、初戦から不動のオーダーで臨み、決勝で予想した相手と戦うときに初めてオーダーを変えることもありました。相手にしてみればまさか不動のオーダーを代えてくる……とは思っていないでしょうから、これも駆け引きかもしれません。

振り返ってみれば、高田商業の監督を引き継いだ当初、県内では団体戦を2－0で勝つものだとはあまり考えずにオーダーを出し、予選で敗退してインターハイ出場を逃した苦い経験もあります。同じ失敗をしないよう、オーダーやそれぞれの場面で力が発揮できる選手起用を心掛けてきたつもりです。しかし、全国優勝を積み重ねていく中で、いつしか慢心が出たり、楽に勝とうといった思いが頭をかすめ、失敗したこともあります。こうした敗戦は監督の責任だと痛感しています。オーダーを決めることは、その瞬間の監督の覚悟や選手への信頼、いかに選手の力を発揮させるかなど、さまざまな意味合いを持つものです。選手とのコミュニケーションをしっかり取り、それぞれの思いや考えを伝え合うことが大切だと痛感しています。団体戦では3ペアのバランスをとるために、個人戦のペアを崩して臨むこともありますが、私はこれまでペアを崩してオーダーを組んだことはありません。「今回は、このペアで臨む」という強い責任感を選手たちには持ってほしいからです。

大会に向けた選手のコンディション調整

大会を控えて選手のコンディションをどう持っていくのか。心技体に分けてお話してみたいと思います。

〈県の予選大会において〉

①技術面

県予選に向け、「チャンスボールの処理（甘いボールをミスをしないこと）」「ファーストサービスを確率よく入れること（コースやスピードの厳しさよりも確率）」「相手ネットプレーヤーがポーチボレーに動くことを想定した練習」「ネットプレーヤーには、ポーチボレーにいくことよりもディフェンス練習」、これらの練習をすべきだと考えます。

相手が「負けてもともと」といった思いで、高田商業に対してくると予測したら、「積極的に攻めてくる」ことしかありません。ですから、我々は、その対応に重点を置いて取り組まなければなりません。

日本代表選手を多く輩出する岡山理大附の前監督・大橋元司先生（選手として世界選手権チャンピオンにもなり、母校の監督も務めた）が監督をされた当初、インターハイ予選の1週間前に高田商業へ来られたことがあります。その際に「インターハイ予選前には、どんな練習すればいいのか」と聞かれたことがありました。そのときに、前述した本番で成果を発揮する練習の話（P123～125参照。特にサービス＆レシーブの重要性の話）をしたことがあります。その後、何年かインターハイ予選1週間前には必ず高田商業に来られていました。

②精神面

力があきらかに劣る選手と戦うときは、どうしても「かかっていきにくい」もので、受けて戦ってしまう傾向にあります。それを踏まえ、「1本取ったら大喜びする相手の雰囲気に、絶対負けない元気のよさだけは出せ！」と選手に話します。また一方で、「余計なポイントを与えずゲームカウント4‐0で勝ちにいけ」とも言います。簡単に勝てる試合が多いと思われる場合でも、早く勝とうとか、焦ってポイントを取りにいくとか、1本で決めてやろうとか、そういう思いを持たせないように、選手たちを諭さなければなりません。

③体力面

体力に関しては、あまり心配することはないので、私からは特に話をすることはありません。基本的にトレーナーに任せています。ただ、どの競技でも共通することだと思いますが、全国大会を控えて思うことは、いかにピークを大会に合わせられるかが重要だということです。夏を例にとると、インターハイの10日ほど前に近畿大会がありのます。期末考査が終了して夏の大会に向けて練習をやっていくわけですが、どちらかというと近畿大会はその後のインターハイが本番という意識の中で取り組み、技術の部分も、気持ちの部分もそこまで追い込んでやることはありません。近畿大会にピークがきてしまうと、その後はピークが落ちていきます。インターハイでピークが落ちた状態にならないようにと思いながら、毎年対応しています。ただし、勝利への気持ちは近畿大会でも、インターハイでも同じです。しかし、近畿大会のプレー内容が悪く、結果もいまひとつであれば、喝を入れてインターハイに臨めますので、逆に「その方がいい」と思う部分もあります。各選手の状態や調子はまちまちで、近畿大会にピークがきている選手もいることも把握していなければなりません。

近畿大会が終わり、インターハイを迎えるまでが1つの勝負の期間であり、すべての面での調整期間と捉えています。前述していますが、インターハイが始まる1週間ぐらい前に、多くの学校（全国の有力校）が高田商業に集まり、練習試合を行います。集まってくるのは本番の準々決勝、準決勝、決勝で対戦する可能性の高い学校です。

そういった中で4日~5日間（4泊5日の合宿）、練習試合を行うわけですが、その期間で意識させていることは以下の点になります。

①1日10試合以上試合をやる（夏場を乗りきる体力を身につけさせる）

②1試合目から最後の試合まで同じ気持ちでやる（精神力を身につけさせる）

③戦法を決めて臨む

④試合の反省を含めて、相手の特徴を発見させる（どんなプレーが得意なのか、苦手なところは？　負けた場合は？　敗因は？　どんなことをすればよかったか……など）

⑤チャンピオンを目指しているのであれば、負けずに1日を終わらせる

⑥勝ち続けるしんどさも理解する（いつか負けるだろうと不安になってくる。そのような気持ちと闘いながら、余計なことを考えずにプレーする）

⑦負けた相手には、「もう1回試合をやろう」とお願いしにいく（2回続けて負ければ実力が下だと思うように）

⑧1回勝った相手には続けて勝つことができれば、実力が上だという証明（1回なら、

たまたま勝ったということも）

⑨試合を続ける中で、負けそうな試合や追い詰められた状況になったとき、何とか粘って逆転して勝つ試合がなくてはならない（1日中試合を行っていると、いいときもあれば、悪いときもあるのが当然であり、勝ち続けていくと負けそうな試合も必ずある。ゲームカウント0－3や1－3で負けている状況から挽回して勝つ経験は、本番の試合で必ず生かされる）

⑩その他、サービスのコースの打ち分け、レシーブでの攻撃、前衛での駆け引きや、勝負どころでのプレーなどについて

これらのことを選手には意識させて、練習試合をさせます。しかし、実際に試合を行っている選手は、果たしてどれだけのことを考えているのかはわかりません。実際、指導者の思いと選手の行動は、かけ離れていることは多いものです。だからこそ、その都度、その都度、試合のアドバイスをすることが必要なのです。

また、こういった大事な大会の直前期間は、指導者にとっても非常に貴重な時間になります。朝から夕方までコートの後ろで選手がやっている試合を集中して見ます。

そうすることで、選手の技術や精神の状態等が見えてきます。

ほかに、大事な項目として、睡眠時間のことも忘れてはなりません。普段の選手のスケジュールは、学校を21時頃に出て家へ帰り、食事やお風呂をすませて寝て、翌朝は6時前後には起きているかと思います。睡眠時間としては多い選手でも7時間もないはずです。通学に時間のかかる選手であれば。睡眠時間は5時間ぐらいかと思います。このような合宿の目的の1つに睡眠をしっかりとることが挙げられます。疲れているので、22時ぐらいには寝かせて、朝は6〜6時半に起床。これにより、8時間以上睡眠をとることができるのです。そして、この期間の戦いぶりや結果、そして個人戦の結果を踏まえて最終的なメンバーを選んでいきます。

日本一に向けたジンクス

ここでは、相手との相性、選手の性格、気性、天候、雨が降った場合、ジンクスなどについてお話していきたいと思います。

勝つときには、何か運を感じます。初戦の苦戦をしのぐと、その後は予測した結果になったり、起用選手の変更が的中したりと、勝ち上がれる流れのようなものを感じることがあるのです。過去に、オーダーが的中したこともありました。2002年茨城インターハイ（対三重高校戦）では、自校の選手の得意なプレーと相手が打つ好きなコースが合えば、相手が大将ペアであろうとオーダーを当てにいきました。また、苦しい場面でのネットインも流れを変える要素になります。ただし、逆に相手にネットインをされると「まずいな」と思うこともありました。

ほかに、対戦校の相性ということでいえば、初代監督の楠先生の時代、1984年〜1986年のインターハイ決勝で3年連続の三重高校との対戦となり、3連勝したことがありました。当時、広島山陽高校も強く、高田商業は「三重に強く、山陽には弱く」、山陽は「高田商業に強く、三重に弱く」、三重は「山陽に強く、高田商業に弱い」といった3強時代がありました。いつも三重が山陽に勝って、決勝に上がってきてくれることを、楠先生は願っていらっしゃったようでした。ちなみに私の監督時代にも、決勝での三重高校との対戦は、インターハイ団体の5年連続を含め、選抜、インターハイ、国体で11回対戦し、7勝4敗でした。

ジンクスとしては、私が監督時代は試合に臨む際、メンバーがばらばらのユニホームを着ている方が勝てるというジンクスがあり、あえて揃えることはありませんでした。よく集合写真を撮るときに、ばらばらのユニホームでいいのですかと言われたことがあります。選手たちも、ユニホームを揃えなくていいのが高田商業の伝統のような意識でした。また、天候面では、夏の炎天下の中で強さを発揮する高田商業の選手たちにとっては暑くなればなるほどいい状況であり、みんな炎天下になることを望んでいました。ほかに、全国大会直前の練習試合で一度も負けなかったら個人戦で日本一になれるといったジンクスもあります。また、私自身が、よく寝ることで勝ち上がっていくときのイメージだったり、読みだったり、勘が働くことが多かったので、大会前にはしっかり睡眠を取ることを意識していました。

第6章

指導者の資質、指導者の進むべき方向性とは②

相手を観察し、勝負に生かす

相手を読むとは、「相手を研究して、よく見る（観察する）こと」と考えています。相手の特徴を発見する場合、基本的な考えとしては、「ベースラインプレーヤーは、引っ張るボールが好き、得意」「ネットプレーヤーは、フォアボレーが好き、得意」と、自分なりの基準を設けています。そのようなポイントから相手を見ていくと、「やはりそうか」と思えるプレーをしているのか、「いや、この選手は流すボールが好き、得意なのか」と思えるプレーをしているかなどの発見があります。ネットプレーヤーの場合も同様です。

また、「ベースラインプレーヤーが相手ネットプレーヤーをよく攻めるタイプなのか、そうでないのか」「ネットプレーヤーがよく動いてポイントをしにくるタイプなのか、そうでないのか」も、相手を読むためのポイントになります。

サービスは「コースを狙って打っているのか」「スピードはどうか」「サービスエー

スを狙いにくるのか」などの点を見て、分析します。レシーブに関しては、「レシーブで攻めてくることが多いのか」、特に「ネットプレーヤーのレシーブはどんなことを考えて（狙って）打っているのか」「どんなレシーブをしているのか」「バックハンドストロークでのレシーブはどうか」などを観察しています。「相手ネットプレーヤーがネットから離れたときのプレー（ローボレーやハイボレー）が上手か、そうでないか」など、相手のネットプレーヤーから得られる情報も戦術を考える上で非常に重要です。ネットから離れたプレーが苦手なネットプレーヤーならば、そこは相手の大きな弱点となります。自分たちの攻撃により、崩しやすい攻めどころになるからです。同じ意味合いになりますが、「相手ネットプレーヤーはディフェンス力が高いのか、低いのか」も観察ポイントといえます。一方で、相手のベースラインプレーヤーについても、「左右や前後に動かされたボールの対応はどうか」「緩いボール（チャンスボール的なボール）のミスをするのかどうか」も相手ベースラインプレーヤー攻略の重要なポイントです。

以上のような部分を見ながら、ある程度の戦法を考えます。ただ、すべてが見えるわけではありません。極端に言えば、1つでもわかれば戦法を立てることができると思っています。そしてもう1つ、相手を観察した上で、ある程度、相手のプレースタイルやタイプなどを決めつけ、そこから、そのタイプが「(このプレーが)好きか好きでないか、得意か得意でないか」と考えて、戦法を立てていきます。

相手を観察し、それを踏まえて見えてくることがあり、それを選手にアドバイスし、やるべきことや、狙いどころを決めて試合に入らなければなりません。ゲームが進んでいく中で、指導者である私の相手に対する見立て、それが確信になっていく場合もあれば、見立てを変えて指示をする場合もあります。また、選手の特徴はリードされているときに出やすいので、カウントで狙い目を指示したりもします。ただし、戦法にこだわったテニスをやりすぎると、本来の自分のテニスができなくなる可能性もありますので、その点は注意して選手それぞれに対して対応することが大切です。プレーをする上で、「こうしなければならない」といった思いの中でプレーしてもなかなかうまくいきません。わかっていても相手にやられることもありますし、失敗することもあります。要は、大事なポイントや、「ここ」というときに戦法が成功すればいいのです。

戦う上で、何も考えず、ただ「勝ちたい」という思いだけで試合に臨む選手にはならないようにしなければなりません。自分でも戦法を考えて戦う習慣をつけていくことが大事です。相手を読むことができる選手の育成は、指導者のやるべきことの1つだと思います。

まとめると、相手選手を観察するときに、次のような点を見るといいでしょう。

①得意なプレー、反対に苦手なプレー
②相手のミスが多いプレー
③リードしたとき、リードされているときのプレー
④サービス、レシーブはどうか
⑤ボレーを狙っているのか、スマッシュを狙っているのか
⑥センターをはって（狙って）いるのか
⑦バックハンドのストローク力
⑧ネットプレーヤー主体のペアか、ベースラインプレーヤー主体のペアか

⑨ディフェンスはどうか（アタックは止まるか）
⑩ネットプレーヤーはどんなときに動く（仕掛ける）のか
⑪ボールを打つときの構え
⑫相手の動きに対して、どう対応するか
⑬競ったとき、どのようなプレーをするか
⑭プレッシャーがかかる場面では、どのようなプレーをするか

「相手を読む」ということに関して、このようなエピソードがあります。2001年の宮城国体のことです。そのときチームは、インターハイで優勝しているメンバーではあったのですが、全国優勝するには戦力的に厳しい年でした。

その宮城大会を前に、地元宮城が強化のため、我々奈良を招いてくださり、練習試合をしたんです。宮城とは国体時も勝ち進めば準決勝であたるトーナメントでした。試合が多くできるようだいたい3～4面使用して、何度か試合をするわけですが何度やっても、団体戦を想定すると負けている内容でした。最終日、最後の試合は、実際に、本番同様に、並んで選手入場し、審判団も入り、運営に携わる宮城の皆さんもい

る中、1面で対戦しました。すると、宮城の選手たちのテニスがガラッと変わってしまいました。おそらく地元国体で、本番同様の流れで試合をしていたので、緊張感が増し、伸び伸びとしたプレーができなくなってしまったのでしょう。こちらとしては、勝てるヒントを得たように思いました。

本番での私のアドバイスは1つだけ、「相手のフォアハンドに打て」でした。本来、「バックハンドを狙う」のが鉄則です。このとき、私の狙いどおり、それまで回り込んで打つボールに対して、うまく想定して構えていた宮城の選手が崩れました。地元開催の国体で、地元の人たちに注目される中で力を発揮しなければならないプレッシャーの中で、動きが悪くなってしまったのでしょう。

このように、人から注目を受けた際、普段とは異なるテニスになってしまうことがあります。この宮城国体の前の出来事で、相手がどのような気持ちなのか、相手の心理を読むことで、勝てる要素を見つけ出すことができると感じました。相手を見る場合、技術はもちろんですが、心の部分を見極めていくことも忘れてはなりません。相手の心理を見逃さず、そこで発見したこと、見抜いたことを勝負に生かしていかなければならないのです。

高校生には指導者の目が必要

指導者はコートの外から全体を見て相手のいろいろな事柄を発見できますが、実際にコートでプレーをしている中高生の選手が、全体を俯瞰して見てプレーすることは難しいと思います。目の前の敵に意識が集中し、その中でポイントを取った、取られたに一喜一憂するからです。選手が指導者と同じような目を持って相手や試合の流れを見ていくことは、なかなか難しく、目の前の相手、目の前の状況に対処するだけで精いっぱいでしょう。

実際は、指導者の目で相手の特徴を見つけ出せばいいと思います。指導者の目から得た情報や考え方を知識として取り入れていき、実践していくことで、選手が成長し、強くなっていくことができると思います。例えば、自分がコートの外にいて仲間が試合しているのを見て、相手の特徴を発見していけるようになっていくかもしれません。

すると、試合の流れ、試合のさまざまな要素、相手の特徴などを見る目が養われてくるでしょう。ただし、見る目ができて頭でわかったとしても、実際にそれに対するパフォーマンスを、コートで上できるかどうかはわかりません。

指導者の的確なアドバイス、信念を持った指示が選手には必要だと思います。負ければ選手が悪いのではなく、監督が悪いのです。高校3年間で、自分で観察し、戦法を立てていけるようになり、指導者から巣立っていくような選手を育てることは理想です。けれども、高校3年間の期間は、やはり指導者の的確なアドバイスは欠かせないのです。

相手の心理を読んだアドバイス

試合の中で、選手の心というものは「よく変わるもの」だと思っています。強気にやっていたプレーが弱気になっていったり、逆に不安そうにやっていたのが思いきりよくやりだしたり、急にテニス自体が変わったり、よく動いていたのにピタッと足が止まってしまったり……試合の中では、さまざまな変化があります。これは心の変化（考え方の変化）が原因です。

1本のプレーで変わることもあります。大体は、変わっていくきっかけとなるプレーがあり、その後に決定づけるプレーがあるものです。言葉を変えれば、ゲームの流れが変わるということです。指導者はこのゲームの流れをしっかり見ていかなければなりません。一般的に、ソフトテニスは2本単位、2ゲーム単位でゲームが進んでいくことが多いです。これは2本でサービスをする選手が代わる、同じサイドで2ゲーム行ってからチェンジサイドになることも要因かもしれません。カウントでいえば、2－0→2－2、3－1→3－3（デュース）など、2点が加わることで、ゲーム内での状況が変わります。

だからこそ、選手たちには、「2－0でリードしたら3本目に集中しろ」「連続で失点しないようにしろ」「3－1でリードしたら、ここからやる2回のプレーで1回ポイントが取れればいいと考えろ」などと伝えます。気持ちの部分でいえば、「2本リードしたときに、安心するな」「3－1になれば相手のミスを期待するのではなく、積極的にプレーしろ」などです。ほかにも、状況に応じてさまざまなアドバイスをします。

強気なテニスがミスをしないような丁寧なテニスへ、攻撃的なテニスがつなぐテニスへ、積極的だったテニスが守りのテニスへ、集中したテニスが焦りのあるテニスへなど、特にゲームの終盤に変化が現れます。では、選手に何をさせるべきかを考えると、そうした心の変化を予想してアドバイスすればいいのです。または、相手の起こりうる心の変化を読み、すべきことを指示すればいいと思います。

すべてが指導者の思い通りにいくとは限りませんし、思ってもいません。勝つための戦法は「損得」と「確率」を念頭においた指示であり、アドバイスだと思っています。その場面で「確率」の高いことを、勇気を持ってやらせることが大切であると考えています。

スポーツでは駆け引きが重要とよく言われますが、確かに相手の心理がわかれば非常に有利になります。駆け引きとは騙し合いです。いかに相手を騙すことでポイントを取るのか。そこに面白みがあります。

ここで、ソフトテニスでのネットプレーヤーの基本的な駆け引きを挙げてみます。

①ネットプレーヤーが動いて相手ベースラインプレーヤーに抜かれたら、次のボールでももう一度動く↓相手は「抜いたから、次は出てこないだろう」と思っている

②ぶつけてくるボールを止めてポイントしたら次は狙いにいく↓相手からしたら、ぶつけにいって取られたので、「次は攻めづらい」。そのため、ベースラインプレーヤーの方向へ打つ可能性が高い

③シュートボールを狙ってボレーを続けて2本ポイントしたら、スマッシュを狙う↓相手はシュートボールが打ちづらい状況にある

④モーション（＝フェイント）を使って誘う（単モーション）↓守ると見せかけて、ベースラインプレーヤー側へ打つボールを狙うなど、「ボールを取りに出てくる」と思わせて、自分のサイド側へ打ってくるボールを取る

⑤相手ベースラインプレーヤーの得意なコースへの攻撃を覚えておき、次にまた打ってきそうな場面で、そこへ打たせるような動きやポジションを取り、「誘って取る」

次に、ベースラインプレーヤーの基本的な駆け引きを挙げてみます。

①相手がバックハンド側で2本ほどミスしたら、フォアハンドの少し離れたところへ厳しく打つ→意識がバックハンド側にあるのでエースが取れる可能性が高い

②サービスにおいてバックハンド側へ2本連続で入れ、次はフォアハンド側へエースを狙う→意識がバックハンド側にあるのでエースが取れる可能性が高い

③相手ネットプレーヤーがポーチに出やすい状況のとき、打点を少し落とし、相手ネットプレーヤーが動いたら抜く→抜いてこないだろうと思っている

ほかにもゲームが進んでいく中で、その場面、場面において駆け引きをしてポイントを狙いにいくプレーもあります。

配球もその1つです。同じコースへ2度打つと相手はそのコースが来ると予測（→逆を突けば、ポイントになる可能性が高い）。ボールをギリギリのところで対応しようとすれば、相手は甘いボールがくることを予測します。その場合、ネットプレーヤーのサイド側に打てばポイントになる可能性が高くなります。

相手との駆け引きは選手が身につけていくべき要素

特にネットプレーヤーでいい選手、強い選手の場合、駆け引きの中で相手ベースラインプレーヤーの心理を利用し、ポイントしていきます。すべてが駆け引きの中でプレーをしている訳ではありませんが、たまたま動いてポイントしただけではだめなんです。なぜそうしたのか、という根拠や理由がなければいけません（様子を見るためのプレーや駆け引きのきっかけにしていくプレーもあります）。相手との駆け引きは、選手が身につけていくべき要素だといえます。

駆け引きと同時に、ネットプレーヤーに求められる要素にポジション取りがあります。上手な選手とは、相手が気にしてくれる存在になっているということでもあり、それはポジション取り（相手が打とうとする瞬間、いい所に立っている）のいい選手ともいえます。「いい所」とは、相手ベースラインプレーヤーから見て、打てる相手コート幅の真ん中あたりに立つことです。右へ打とうか左へ打とうか迷いが生じる所にあたります。ネットプレーヤーが立っている位置でベースラインプレーヤーは、同じボールでも打ちやすい状況でプレーできるか、打ちにくい状況でのプレーになるかが決まります。いいネットプレーヤーと組めば、自分の守備範囲も狭くなりプレーしやすくもなりますし、立っている所が悪いネットプレーヤーと組むと、守備範囲も広くなり対応も難しくなっていくものです。

保護者の方々の支援

高田商業は1978年に保護者会が立ち上がりました。当時は、部費についての使い方などの説明を行うぐらいで、保護者が試合に応援にくることはありませんでした。しかし、1990年頃から、徐々に保護者が試合会場に足を運ぶようになりました。

その後、保護者会が現役選手との親睦を図る「楠杯」などの手伝いをしてくれるようになり、1995年頃から、保護者会は、インターハイなどの全国大会でのサポートにも入っています。

毎年4月、新入生が入学するときに、保護者会を開催します。全国から選手が集まってくるようにもなり、保護者会は、日頃離れて暮らしている子どもの生活への不安や下宿生活などについて、保護者の方が不安を解消してもらえるような場にしています。指導者は、皆がいい結果を出せるように選手全員を平等に対応していることもあり、それを理解している保護者の皆さんは、チーム全体での勝利を何よりも期待してくれています。

高田商業の強さの1つは組織力です。もともと指導者と選手だけで日本一を目指していた時代を経て、関係機関（県や連盟、学校、OB会）などの協力や支援、そして保護者会の支援が始まりました。二輪車から三輪車、四輪車へと組織を強化していくことで全国優勝の常連校となっていったのです。

拒否する紙森先生を説得、次期監督へ引き継ぎを果たす

前述したように、高田商業ソフトテニス部は、常に全国優勝を狙うチームとして継

承し続けるため、前監督が40代で監督の座を若い指導者に譲り、その後定年までの10数年間、組織全体のことを考え、監督が指導しやすい環境づくりや、さまざまな助言、もちろん選手への指導やアドバイスも含め、裏方としてチームをサポートしていきます。そういうスタイルを取っていて、現在は4代目の越智敏晃監督が指揮を執っています。

引き継ぎに際しては、教員としての採用の問題があり、教員としての職を確保するタイミングは大切です。そして、高田商業という常勝チームを、覚悟を持って指導してくれるかどうか、何よりも情熱を持って選手と関わる時間を持って取り組んでくれるか、そういった点を見極めて、引き継いでいきます。

こういうスタイルを続け、公立高校でありながら高田商業は約50年あまり、半世紀の間、毎年「日本一」を狙い続けるチームであり続けています。

高田商業の監督経験者として、今振り返ると、負けられない中で期待を背負うしんどさがあり、なかなか気も抜けない日々でした。20年近く、その生活を続けていくわけです。

監督になりたての頃は、いろいろと悩みも多いです。その中で、指導をしながら、アレンジし、発展させることが非常に大事になっていきます。時代の変化とともに選手の気質も変わり、ソフトテニスそのものも大きく変わっていく中、現状に応じて「いかに実戦的であるか」がポイントです。

基本練習から応用練習を段階的に行う中で、実戦の中で起こりうることを、取り出して練習をさせていきます。経験を通し、指導者として常に学ぶ姿勢で臨まなければなりません。

指導も変わってきています。昔は「(練習を)やらせていた」部分もありました。しかし、今は「やらされている」選手よりも、自ら頑張る選手の方が成長できるということがよくわかってきました。いかに選手自らが意欲的に取り組むことができるかが、上達の一助となっていきます。その意欲をどうやって引き出すのかが、指導者の仕事といえます。

一方、私が指導者の先輩として後輩指導者をサポートする際に気をつけたことは、以下の通りです。

①任せた監督ができるだけやりやすい環境をつくること
②前面に出ていかないこと
③アドバイスを求められたら適切に伝えること
④レギュラー陣が遠征に出るときなどは、技術が下の選手を重点的に見ること
⑤練習以外のさまざまな補佐をすること
⑥絶対に現監督に対する批判はしないこと（負けたときは、監督自身が責任を感じている）
⑦練習内容についてもすべて任せること（求められたときだけ選手に指示する）
⑧大会においては、（私がサポートとして）どの選手、ペアのベンチに入ればいいか、現監督に確認すること（大将ペアは現監督が入る）

実際、私は引き継ぐ際に後任の紙森先生への引き継ぎとして、自分の感覚と経験、周りの情報などを伝えていました。ただ、それは自分から話すわけではなく、聞かれたら話すという程度にしていました。私の考えを押し付けることになってはいけないと思ったからです。教え子である紙森先生は、高田商業を卒業後に日本大学に進学し、

学連で活躍する選手に成長してくれました。大学卒業後は和歌山県庁へ所属し、全日本選手権も優勝しました。そして、県庁の教育委員会で働きながら、出向という形で、和歌山北高校でソフトテニス部を指導するようになります。その後、正式に和歌山北高校の教員となり、同校の選手を育成し、インターハイ個人戦で全国優勝まで成し遂げるほどの指導力を発揮しました。

紙森先生は、和歌山北高校で指導を始めた頃、私に質問するために、平日放課後の練習でも高田商業まで来てくれたことがあります。深夜まで話をすることも多々ありました。私の後任監督を探すとき、大学を卒業したばかりで指導経験のない教員よりも、指導実績もある紙森先生をと思い、私も和歌山まで足を運んで紙森先生を説得しました。

また、紙森先生の人間性も後任として託す人物だと思っていました。紙森先生は、高校1年の秋から2年の春にかけて腰を痛め、半年間、テニスができない状態でした。さらに、その時期、お父さんを亡くされ、つらいことが重なった時期でもあったのですが、彼は精神的に強かったです。大学でも競争が激しい中、自分が認めてもらえるよう努力を積み重ねたのでしょう。彼の持つ、逆境を乗り越える力は、高田商業という常勝チームを率いる立場の人間には欠かせないと考えました。

しかし、本人は説得しても「無理です」となかなか承諾してくれません。当時は、和歌山北高校が全国大会でさらに上を目指す過程で、軌道に乗っていた時期でもありました。和歌山でお世話になっていること、高田商業を倒すチームをつくるために頑張ってきたことも、受けられない理由であったのでしょう。しかし、彼は奈良県出身ですし、「母校のために戻ってきてくれ」と説得を重ねた末、ようやく後任監督になってもらったのです。

重責を背負う監督の悩みや葛藤

監督には、選手1人1人のテニス人生に寄り添い、成長の手助けをするという重責ゆえ、悩みや葛藤が常にあります。

しかし、ベンチに座っている監督が勝ち負けばかりを意識し、不安の中で選手を見ているると、戦っている選手も同じ心境になるものです。経験から、不安は必ず選手に伝わるものだと学びました。例えば、監督は選手に「相手と戦え」と言いますが、実は、相手と戦わずに自分自身と戦っている選手が多いのです。本来、選手は、ネットの向こうの相手と戦うためのプレー、戦術……を考えなければなりません。

選手は不安でそうなってしまうのですが、もちろん、監督も不安の中で指導しています。選手も監督も、同様に不安の中にいるのです。相手の選手や監督との戦いであるのに、つまらないミスなどに固執して、自分のチームの選手と戦ってしまうことがあります。監督は、そうした不安を勉強や経験によって克服していかなければなりません。本来は自分のチームの選手が勝つために、相手選手や監督を分析し、その勝負の流れの中で的確な情報を与えていかなければならないのです。

緩いボールを使い、ポイントすることができる選手を育てる

中学から高校へ入学してきた選手たちは、まずどんなプレーを求めるのかというと、

「もっとスピードのあるボールが打てるようになりたい」と考えるものです。スピードは身体の成長や筋力の発達と共に自然に上がっていきます。まずは、どこへ、どんなボールを打つのか考えることが重要だと、選手たちに話します。「緩いボールは楽に取れる」「無理をせずともさばける」などと、緩いボールをさばくのは楽なように考えますが、実際試合で負ける大きな原因の1つが、緩いボールを打ち損ねたり、処理をし損なったりすることなのです。

状況と場面によっては緩いボールが有効なときが試合の中では必ずあります。有効な緩いボールの使い方があるのです。けれども、緩いボールを使うのは勇気もいりますし、その使い方は、実は難しいのです。緩いボールは、練習で使ってなければ試合で使うことはできません。

高田商業は、シュートボールを主体とした、かかっていくテニスが主体ですが、最後まで打ち勝つテニスを求めているかといえばそうではありません。

厳しく打ち込むのはある意味冒険です。冒険が多ければミスが多くなり負ける要素が出てきます。ソフトテニスはどちらかというとミスで進むスポーツです。いいプレーが多いから勝つのではなく、ミスが少ないから勝てるのです。

速く力強いボールを打たないと不安だという選手が多い中、ゲームが競った場面で、ベースラインプレーヤーが緩いロビングを使えるか、レシーブでロビングが使えるかが、勝敗には重要になってきます。ベースラインプレーヤーがミスをするのは、打つときの迷いや相手のネットプレーヤーを意識することが要因です。競っている場面では特にそうです。相手の心理を利用して、平気で緩いボールを使い、ポイントすることができる選手を育てることが理想かもしれません。

上げボールの質を重視する

高田商業は、上げボールに対する注文が厳しいです（上げボールのテンポやコース、スピードなど）。前監督、楠先生は、当時強豪だった神戸松蔭高校から上げボールの重要性を学んだそうです。

その学びを引き継ぎ、基本練習では、ボレーは4秒に1本のペースで上げボールを、スマッシュでは6秒に1本のペースで上げボールをさせています。レシーブの連続練習ではサービスをして、次のサービスは相手がレシーブを打つと同時に上げさせます。球出し者が練習者に合わせるのではなく、練習者が上げボールに合わせて動くよう指示をします。そしてボレーやスマッシュでは、球出し者には必ず返球されるボールをワンバウンドで止めるようにと指示します（※球出し者も選手であり練習者である）。なぜ止めさせるかというと、止めることができるということは返すことができるということだからです。ゲームでいうと、相手のボレーやスマッシュを返球できる反応を習慣づけるためです。より実戦に近い形で練習させるのです。おそらく野球のノックなども、同じように実戦に近づけるための工夫をしているはずです。強い学校とそうでない学校の違いはこんなところにあると選手たちには伝えます。

ネットプレーヤー（前衛）を育てるのは、ベースラインプレーヤー（後衛）の上げボール次第であり、後衛を育てるのは、前衛の上げボール次第であると言っています。1つ例を挙げると、通常、ネットプレーヤーがネット上10センチ以内のボールを処理しようとするとミスになる確率が高いです。つまり、試合では、そういったボールをうまく処理することが求められるのです。そのため、練習でも、ネットぎりぎりの上げボールを出せなければ試合のための練習にはなりません。それだけ上げボールの質は、技術を身につけるためには重要なポイントになります。そのため、練習中にいい上げボールが出されていなかったり、上げボールに神経を使っていなかったりすると、すぐに選手を集めて注意します。

的確に状況を把握する観察力を磨く

どの競技でもいえることだと思いますが、試合の中では相手の動きを見ながら、随時攻め方を選び、ポイントを奪っていきます。ソフトテニスでも、ベースラインプレーヤーが相手のネットプレーヤーの動きを見ながら打つわけですが、シュートボールを打つコースには3つのコースがあります。1つはベースラインプレーヤー方向、もう1つはネットプレーヤーのサイド方向（ポイントを取りにいくコース）、そしてもう1つが、ネットプレーヤーが立っているコースです。言葉を変えれば、相手のいないコース（前の2つ）と相手がいなくなるコースということになります。3つ目のコースはゲームをやっている選手にはなかなか見えてこないコースです。お恥ずかしい話ですが、私自身そのコースがわかったのは大学3年生のときです。教えてもらったら早いのですが、自分で発見するのには時間がかかります。3つのコースでゲームをする選手と2つのコースでゲームをする選手を比べれば、相手にとってはその2タイプの対戦相手は、全く違う対戦相手となるわけです。ネットプレーヤーでよく動く対戦相手に対しては、立っている位置へ打つコースを使うか使わないかで勝敗に大きく影響してきます。

2022年の国体決勝で、3番勝負に出た團野君は、夏のインターハイで見た時に先に述べた2つのコースでしかテニスをしていませんでした。だから相手によく動かれたらどうしても気になってしまいます。もっと真ん中のコース（立っている位置）を使うようにとアドバイスしました。キレのあるシュートボールを打てる選手であったので、相手が動いたときにそのコースへ打てればミスを誘うことができます。ネットプレーヤーというのは、自分が立っている位置を通されたら動きづらくなってくるのです。必ず高い打点で打つことが条件ですが……。これも対応力の1つです。

このように指導者は、的確に状況を把握する観察力を磨く努力をしていかなければなりません。

ストロークの基本3つにこだわる

高田商業ではフォームをいじることはあまりありません。ストロークの基本は、素早く構え、高い打点で、前足に重心を乗せて打つ、この3つにこだわって指導しています。素早く構えるとは、飛んでくるボールに対して打てる体勢づくりを早くすることです。その準備が遅れるとミスをする可能性が高くなります。次に高い打点とは、ワンバウンドしたボールの頂点からボール1個分落ちたところぐらいで打つことです。もう1つは軸足から前足へしっかり体重移動をして打つことです。そのほかには、腰を低くすることやスタンスをしっかりとることなども注意することはあります。フォーム的にミスが多かったり、求めるプレーができなかったりする場合は改善していきます。

　ちなみにソフトテニスのストロークは片足での回転運動です。多くのボールは前足に重心が乗って回転運動をしますが、ボールによっては後ろ足1本での回転運動となる場合もあります。こういった運動の身体の使い方やバランスの取り方等は細かく指導します。

　また、全てのスポーツに共通しますが、下半身の安定感や力強さはとても重要です。フットワークを含め、下半身をいじめる練習は多いです。球技は、飛んでくるボールにリズムやタイミングを合わすことが大事です。そのためには下半身の強さや、動きのスピード、フットワークの良さが求められます。本当に基礎的な練習になるのですが、私自身はこの部分にこだわって練習させます。これは、かかっていくテニス、テンポの速い攻撃をする上では欠かせない要素であり、相手の戦意をなくすような先手を打つテニスを追求しているチームだからこその技術ポイントといえるものです。例えば、レシーブの攻撃などはファーストサービスをいかに攻めることができるか、コースを読んで4歩で前へ詰めて高い所で処理してこそ効果があるわけです。

高田商業では、1本目を厳しく打つことを重視しています。ソフトテニスの攻めの基本は、相手のバック側へボールを打つことです。どこへボールを打てば相手がミスを起こしやすいか。返ってくるボールが甘いか。要は、確率と損得勘定です。ベースラインプレーヤーとネットプレーヤー2人が共に後ろにいればネットプレーヤーの方のバック側へ打つことが基本です。基本が頭にあるから応用（配球）ができるのです。1本目を容易に簡単なボールを返球するのは損です。いかに1本目を厳しく打って、得をするかが大事です。相手が嫌がるボールを打っていかなければ意味がありません。

本番を意識し、緊張感の中で練習する

技術を身につけるためには、反復練習を繰り返すしかありません。さらに、練習は能率的で効果的でなければいけません。よく選手たちに言うのは、試合で使える技術は、練習で6割以上できれば試合で使える技術になるということです。

ただし、練習時に本番を意識した緊張感の中でやっていることが大前提です。その

ため、ただやっているだけでは効果的ではないので、本数や連続を指示して練習させます。「……を何本連続」「……を何回連続」「……を何本中何本入ったら終わる」「コースを限定する」「目標物を置く」など、集中力やプレッシャーを感じさせながら練習させます。そして、練習ではミスにこだわってやっているかが大事です。

逆に本番の試合ではミスにこだわってはいけません。本番でミスにこだわれば、いつも通りのプレーができず、いいパフォーマンスが生まれません。選手たちにはそのように話しています。

練習は、こだわってこだわり抜いて、本番に臨む緊張感の中でやり抜く。本番は、肩の力を抜いて、リラックスした気持ちで、ノープレッシャーでできれば理想です。結局のところ、このような練習ができ、本番に臨める練習態勢を構築できるのかが、非常に重要です。こういった指導の指針を立てられ、その方向にチーム、選手を導けることができるのかどうか。それは、指導者に求められる資質ではないかと考えています。

それを行うためには、自分が思う方向性を打ち出す信念、思う練習や方向性をすぐに実行する行動力、選手を動かすコミュニケーション能力、将来に向けてなぜそれをやるべきかと考える思考力と先を見通す力、「この人の言うことなら……」と選手をその気にさせるカリスマ性も必要でしょう。ほかにも、いろいろな能力、才能が必要と思われます。もちろん、私にそんな多彩な能力があるとは思えません。私は、選手を成長させることを自身の喜びとしているだけの人間です。真剣な練習の中で選手が成長したと感じることが楽しみであり、リラックスした雰囲気の中で選手と冗談を言い合ったりする時間も好きです。

根本には、選手の成長を願う思いがあるだけです。だから、選手と一緒にいるときが、何より心地いいのです。この世には、ソフトテニス、スポーツのみならず、さまざまな分野の指導者がいます。どの分野、どの世界の指導者も選手の成長を願っていて、多かれ少なかれ私と同じ思いを持っていると思っています。それは、指導者に共通の資質といってもいいのでしょう。

「練習は、こだわってこだわり抜いて、本番に臨む緊張感の中でやり抜く。本番は、肩の力を抜いて、リラックスした気持ちで、ノープレッシャーで戦う」。これは、著者が理想とする選手に技術を身につけさせるための大きな要素だ

おわりに

全国には、ソフトテニスに限らずさまざまなスポーツを指導されている優れた指導者の方々がいます。ほかに、スポーツ以外の指導者の方々も数多くいらっしゃいます。

それらの方々に私の経験を伝えると考えたときに、自分が取り組んできた指導方法や勝たせるための知識や考え方が正しかったかどうかを思い起こしてみました。私は、長く指導を経験してきて、過去を反省して取り組み、私の指導方法、勝たせるための知識や考え方のベクトルは、正しい方向に向いていると思います。しかし、過去には、それらが本当に正しいのか疑問に感じることもありました。指導者として力不足を感じることや、失敗やまちがいも多々あったと思います。

間違いなく言えるのは、選手にかける言葉が何より大事であることです。それは、間違いないと感じます。私は、学生時代は野球少年で、ピッチャーをやっていました。上手になるためにはどうしたらいいかと考え、上手な人のまねをして自分を高めていくような研究熱心な子どもでした。野球は好きで、ずっと続けようと思っていました。が、私が小柄だったため、中学入学前に監督から「お前の身長では、一流選手になれんぞ」と、断定的に言われたのです。その言葉は、小学生の私には本当にショックなものでした。私は、それで小学6年生できっぱり野球は止め、体操競技をしたかったのですが、中学には体操部がなく、ソフトテニス（当時は軟式テニス）をやるようになったのです。

もし、そのまま野球を続けていたら、たぶん違う未来が見えていたでしょう。私は、高田商業ソフトテニス部監督の人生しかわからず、それは素晴らしいものだったと思っています。しかし今となっては、これで良かったのか、別の未来があったのか、もっといい未来があったのか、それはわかないことです。ただ、中学入学前の野球の監督の言葉が、私の未来に影響を与えたことだけは確かです。

指導者の言葉は、このように選手（※スポーツ以外であれば教え子、生徒）の人生に大きな影響を与えることがあります。本文で私が言い続けた言葉の大切さには、こんな思いがあったのです。

もう1つ、大切にしてきたことがあります。それは選手と一緒にいる時間の長さです。選手の練習、試合を見て、選手に的確な声掛け、アドバイスをして、成長する姿を見ていけば、自然と選手と一緒にいる時間も長くなります。私は、いい指導者の定義として、選手と一緒にいる時間の多さが1つのポイントであると思っています。これは、間違いないと信じています。

そして、指導者の指導方針や指導方法は、当然、選手たちの意識や考え方が時代とともに変化していく中で変わっていくものであり、変える必要があるものだとも思っています。

温故知新「古きを温（たず）ねて新しきを知る」、不易流行《ふえきりゅうこう》「いつまでも変わらないものの中に新しいものを取り入れる」、この2つの故事成語を、私はソフトテニスという競技だけでなく、学校経営といった部分でも重要と考えてきました。よく「昔は良き時代だった」と聞くことがあります。この本を読まれて、「今の時代に…」とか、「今はそんなことが…」と思われることも多くあるかと思います。しかし、昔は良かったと思うだけではなく、自分の持っているものを、今の時代、今の選手にどうアレンジし、どう発展させていくか、それこそが指導者の力量かとも思います。
最後に忘れてはならないのが、多くの選手との出会いです。多くの選手たちとの出会いがあり、それは、指導者としての私の成長を助けてくれた存在でした。指導の楽しさや面白さを教えてくれたのも選手たちです。選手によって育てられた私にとって、選手たちに対しては、本当に感謝しかありません。多くの指導者の方々にとっても、選手との出会いが、指導者としての情熱を継続させていることと思います。これから指導者を目指される方々も、必ずそのような選手との出会いがあることを信じてほしいと願っています。

2023年8月吉日　西森 卓也

西森卓也（にしもり・たくや）

1959年、兵庫県出身。兵庫県立社高校から天理大学に進学。大学卒業後、保健体育科の教員として、新設された奈良県立耳成高校に赴任する。３年後、奈良県・大和高田市立高田商業高校に転任。以後、定年まで高田商業で、保健体育科教員を経て、同校教頭、校長と歴任。退職後の現在は奈良県ソフトテニス連盟理事長などを務める。高田商業ソフトテニス部では、初代監督の楠征洋氏から引き継ぎ、1987年に二代目監督に就任。インターハイ団体最多優勝を誇る同校で、監督就任以来、約20年間でインターハイ団体優勝10回、同個人優勝7回、高校選抜優勝5回などを達成する。同校監督を退いたあとも、立場を変えながらも「生涯、高田商業をサポートしていく」と述べている。

CREDITS

特別協力

高田商業高等学校

企画・構成

八木 陽子

デザイン

黄川田 洋志

井上菜奈美

写真

井手 秀人

ソフトテニスマガジン

編集

石田 英恒

西森流《にしもりりゅう》 言葉《ことば》の「選《えら》び方《かた》」「伝《つた》え方《かた》」

高校《こうこう》ソフトテニス界《かい》の名将《めいしょう》が説《と》く勝《か》たせるチームの作《つく》り方《かた》

2023年8月31日　第1版第1刷発行

著　者　西森《にしもり》 卓也《たくや》
発行人　池田哲雄
発行所　株式会社ベースボール・マガジン社
〒103-8482 東京都中央区日本橋浜町2-61-9
TIE浜町ビル
電　話　03-5643-3930（販売部）
03-5643-3885（出版部）
振替口座　00180-6-46620
https://www.bbm-japan.com/

印刷・製本　共同印刷株式会社

Printed in Japan
ISBN 978-4-583-11614-3 C2075